DESSINS, ESTAMPES

LITHOGRAPHIES

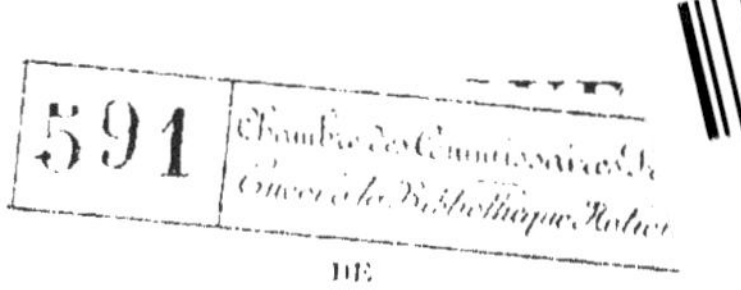

OEUVRES DE CHARLET

LIVRES ANCIENS ET MODERNES

VENTE DES 13 ET 14 MAI 1913

Hôtel Drouot, salle n° 8, au premier

Par le Ministère

de M⁰ Ch. DUBOURG   et de M⁰ LAIR-DUBREUIL
8, Rue d'Alger   6, Rue Favart, 6

Commissaires-Priseurs

Assistés de M. JULES MEYNIAL, *Libraire*
30, BOULEVARD HAUSSMANN, 30

PARIS

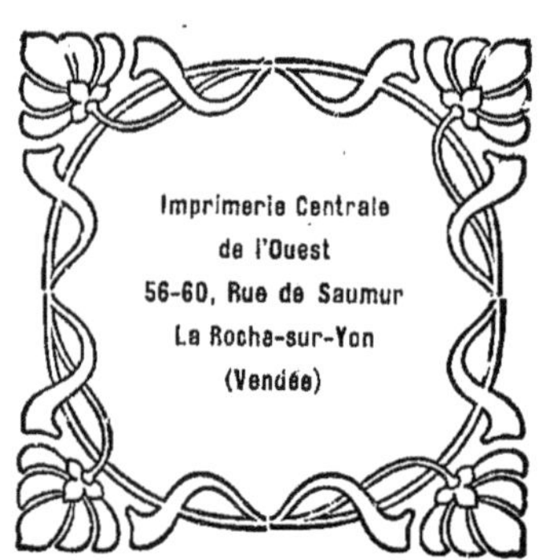
Imprimerie Centrale
de l'Ouest
56-60, Rue de Saumur
La Roche-sur-Yon
(Vendée)

LA VENTE AURA LIEU

Les Mardi 13 et Mercredi 14 Mai 1913

A 2 HEURES PRÉCISES

HOTEL DES COMMISSAIRES-PRISEURS, 9, RUE DROUOT, 9

SALLE N° 8, AU PREMIER

PAR LE MINISTÈRE

DE **M^e Ch. DUBOURG** ET DE **Me LAIR-DUBREUIL**

8, Rue d'Alger, 8   6, Rue Favart, 6

COMMISSAIRES-PRISEURS

ASSISTÉS DE **Jules MEYNIAL**, LIBRAIRE

30, Boulevard Haussmann, 30

Exposition

Les Dessins, les Estampes et les Livres pourront être examinés à l'annexe de la librairie JULES MEYNIAL, 15, rue du Helder, du 5 au 10 mai, de 9 à 11 heures et de 2 à 5 heures.

ORDRE DES VACATIONS

Le Mardi 13 Mai 1913

Catalogues illustrés de ventes	210 à 221
Livres	en lots
Dessins, Estampes	222 à 299
« «	en lots

Le Mercredi 14 Mai 1913

Livres anciens et modernes	1 à 209

CONDITIONS DE LA VENTE :

La vente se fait au comptant.

Les acquéreurs paieront DIX POUR CENT en sus des enchères.

Les livres devront être collationnés dans les vingt-quatre heures de l'adjudication.

Passé ce délai, ils ne seront repris pour aucune cause.

M. JULES MEYNIAL se réserve la faculté de réunir ou diviser les numéros du Catalogue. Il remplira les commissions des personnes qui ne pourraient assister à la vente.

CATALOGUE

DE

LIVRES ANCIENS ET MODERNES

DESSINS, ESTAMPES

CATALOGUE

DE

DESSINS, ESTAMPES

LITHOGRAPHIES

ŒUVRES DE CHARLET

LIVRES ANCIENS ET MODERNES

VENTE DES 13 ET 14 MAI 1913

Hôtel Drouot, salle n° 8, au premier

PARIS

JULES MEYNIAL, *Libraire-Expert*

30, BOULEVARD HAUSSMANN, 30

LIVRES

DROIT, MÉDECINE, LITTÉRATURE, BIBLIOGRAPHIE

1. ARCAUD (Jean), Roi de Camargue, illustrations de George Roux. *Paris, Testard*, 1890, in-8, fig., demi-rel. chag. grenat, tête jasp., non rogn.

> Exemplaire numéroté sur papier vélin du marais avec les hors texte en 2 états AVANT LA LETTRE AVEC REMARQUE ET AVEC LA LETTRE.

2. ALI BABA. Gastronomie pratique, études culinaires suivies du traitement de l'Obésité des Gourmands. *Paris, Flammarion*, 1912, in-4, front., rel. souple. — Fémina bibliothèque. Pour bien manger, 21 hors-texte, 43 fig., in-8. — Pour bien tenir sa maison, 21 pages d'illustrations. *Paris, Lafitte, s. d.*, in-8. — Ens. 3 vol. rel.

2 bis. ALMANACH. Les Lacets de Vénus. A Paris, chez Bailly, rue Saint-Honoré, Barrière des Sergens, s. d. (Calendrier pour 1787), in-24, front. et fig, maroquin blanc, ornements dorés ou peints en bleu, rouge et vert, couvrant presqu'entièrement les plats, milieux ornés d'un bouquet de roses peint, dos orné, doublures de papier à décoration florale, rose sur fond d'or, tr. dorées (*Rel. anc.*).

> Ce ravissant almanach se compose de 48 pages de texte, anecdotes et poésies. Il est illustré d'un titre-frontispice et de 12 figures de coeffures, très finement gravées, peut-être les plus jolies de ce genre.

3. ARIOSTO. Suite de 46 figures par Gir. Porro, pour illustrer *Orlando Furioso*, publiées pour la première fois à Venise, 1584, gr. in-4, demi-rel. veau gris foncé, tr. roug.

4. ATLAS Larousse illustré, 42 cartes, 1158 reproductions photographiques. *Paris, Larousse, s. d.*, in-4, fig., demi-rel. chag. grenat, plats toile, fers spéciaux.

5. AUBRY et RAU. Cours de Droit civil français d'après la méthode de Zacharie. 5e édition revue par Rau, Falcimaigne. *Paris, Marchal et Billard*, 1897-1907, 5 vol. in-8. — Victor Thiry. Cours de Droit civil. *Paris, Larose et Forcel*, 1892, 4 vol. in-8. — Ens. 9 vol. in-8, demi-rel.

6. **Augustin.** Les Confessions de saint Augustin. Traduites en françois par Monsieur Arnauld D'Andilly. *Paris, Pierre Le Petit*, 1660, in-8, front., mar. noir. jans., dent. intér., tr. dor. (*Hardy*).

7. **Bach** (Sébastien). Pirro (André). L'Esthétique de Jean-Sébastien Bach. *Paris, Fischbacher*, 1907, in-8. — Les Maîtres de la musique. J. S. Bach. *Paris, Ale...a*, 1907. — Schweitzer (Albert). J. S. Bach, le musicien-poète, préface de Ch. Widor. *Leipzig, Breitkopf*, 1905. — Barth : Johann Sebastian Bach, ein lebensbild von Hermann Barth. *Berlin, Schall*, s. d., in-12, port. et fig., cart. — Ens. 4 vol. in-8 et in-12, demi-rel. et cart.

8. **Baillon** (H.). Iconographie de la Flore française. *Paris, Doin*, s. d., 5 vol. in-12, 500 planches en couleur, en feuilles dans 5 cartons.
   Manquent 4 pl. Les nᵒˢ 407, 410, 412 et 413.

9. **Banville** (Th. de). Comédies. Diane au bois. Le beau Léandre. Florise. La Pomme. Deïdamia. Les fourberies de Nérine. *Paris, Lemerre*, 1892, in-16, demi-rel. dos et coins de maroq. bleu, dos orné, tête dorée, non rog., couv. cons.

10. **Barbey d'Aurevilly.** Œuvres. Une vieille Maîtresse. *Paris, Lemerre*, s. d., 2 vol. in-16, demi-rel. dos et coins de maroq. bleu, dos ornés de listels en mosaïque de maroq. orange, têtes dorées, non rogn., couv. cons.

11. **Baudelaire** (Ch.). Les Fleurs du mal. *Paris, Lemerre*, s. d., in-16, port., maroq. rouge, filets, dos orné, dent. intér., tête dorée, non rogn., couv. cons., étui.

12. **Beaumont** (Vicomte Adalbert de). Vues prises dans le Danemark. La Suède, la Laponie et la Norvège. *Londres*, 1840, in-fol., titre et 25 pl. à deux teintes, plusieurs coloriées, en feuilles.
   Ouvrage tiré à petit nombre, manque la pl. 15. Environ du cap Nord.

13. **Béranger** (P.-J. de). Chansons. *Paris, chez les marchands de nouveautés*, 1821, 2 vol. — Chansons nouvelles. *Paris, chez les marchands de nouveautés*, 1825. — Chansons inédites. *Paris, Baudouin*, 1828. — Chansons nouvelles et dernières, dédiées à M. Lucien Bonaparte. *Paris, Perrotin*, 1833. — Ens. 5 tomes en 4 vol. in-12, demi-rel. veau rouge, dos ornés à froid et dorés, tr. marb. (*Rel. romantique*).
   Deuxième à cinquième parties originales.

14. **Béranger** (P.-J. de). Œuvres complètes. Nouvelle édition revue par l'auteur, illustrée de 52 belles gravures sur acier entièrement inédites d'après les dessins de MM. Charlet, Lemud, Johannot, Daubigny, Raffet, etc. *Paris, Perrotin*, 1847, 2 vol. gr. in-8. fig., maroq. rouge, compartiments de filets à froid et dorés couvrant les plats, semis de fleurons, dos ornés, dent. intér., tr. dorées (*Gruel*).
   Premier tirage des illustrations de Raffet, Charlet, Daubigny, etc. Le portrait manque.
   Lég. éraflures à la reliure.

15. **Bernard** (Aug.). De l'Origine et des débuts de l'Imprimerie en Europe. *Paris*, 1853, 2 vol. — Geoffroy Tory, peintre et grav. premier imprimeur royal réformateur de l'Ortographe et de la Typographie sous François 1ᵉʳ. *Paris*, 1857. — Renouvier. Des gravures sur bois dans les livres de Simon Vostre. *Paris*, 1862. — Ens. 4 vol. in-8, fig., 3 br., 1 rel.

16. Bianchini (Francesco). Del Palazzo de Cesari. Opera postuma di Monsignor Francesco Bianchini Veronèse. *In Verona*, 1738, in-fol., fleuron, vignette et 20 pl. grav., veau.

>20 plans et vues des palais antiques de César à Rome.

17. Bible. La Sainte Bible (trad. par Nic. Le Gros). *Paris, Desoer*, 1819, 7 vol. in-16, pap. vergé, demi-rel. mar. brun, tête dorée, non rogn.

>Bel exemplaire de cette jolie édition.

18. Bible. La Sainte Bible d'après le latin de la Vulgate et les meilleures traductions autorisées par l'Église, avec de nombreuses notes explicatives par M. l'abbé Delaunay. *Paris, Curmer*, 1857, 5 vol. in-4, fig., demi-rel. chag. noir, tête dorée, non rogné, couv. ill. cons.

>Un frontispice et 50 figures gr. sur acier. Le frontispice est remonté.

19. Bibliotheca Classica Latina, sive collectio auctorum classicorum latinorum, cum notis et indicibus. *Parisiis, Lemaire*, 1823-1832, 18 vol. in-8, dont 17 demi-rel. veau-fauve, non rogn. et 1 rel. vélin.

>Catullus. Juvenalis, 2 vol. — Martialis, 3 vol. — Persius Flaccus. — Propertius — Suetonius, . vol. — Poetæ latini minores, 8 vol.

20. Bibliothèque Universelle des Voyages effectués par mer ou par terre dans les diverses parties du monde, depuis les premières découvertes jusqu'à nos jours, revus ou traduits par M. Albert-Montémont. *Paris, Armand Aubrée*, 1834-1836, 46 vol. in-8, cart. demi-toile, tr. jasp.

21. Blason. Dictionnaire du Blason. 179 p., extraites de l'Encyclopédie de Diderot et d'Alembert, éd. in-4, 32 planches gr., demi-rel. — Pautet du Parois : Nouveau manuel complet du Blason, ou Code héraldique, archéologique et historique, avec un armorial de l'Empire, etc. *Paris, Rorel*, 1854, in-12, 10 planches repliées, demi-rel. — Guigard (J.). Armorial du Bibliophile, avec illustrations dans le texte. *Paris, Bachelin-Deflorenne* 1870-1873, 2 tomes en 1 vol. in-8, fig., débroché. — Ens. 3 vol. in-4, in-8 et in-12, demi-rel. et débr.

>La planche 21 manque au premier volume. On y joindra : Le Féron, catalogue des Illustres maréchaux, Grands Maistres, Prevostz de Paris, Nobles Admiraux. *Paris. Vascosan*, 1555, 4 parties en 1 vol. in-4, nomb. blasons, rel. vélin. Exemplaire incomplet, la plupart des blasons ont été coloriés.

22. Boaistuau (P.), Cl. de Tesserant et F. de Belleforest. Le Premier (Second et troisiesme) tome des Histoires prodigieuses, extraictes de plusieurs fameux autheurs grecs et latins, mises en notre langue par P. Boistuau, surnommé Launay (et par Claude de Tesserant et Fr. de Belleforest). *Paris, Hiérosme de Marnef*. 1575, 3 parties en 1 vol. in-16, fig. sur bois, veau fauve, filets, milieux et dos ornés, tr. roug. (*Rel. du XVIe siècle*).

>Déchirures au dos de la reliure.

23. Boileau. Œuvres diverses avec le traité du Sublime ou du Merveilleux dans le discours, trad. du grec de Longin. *Paris Denis, Thierry*, 1701, 2 vol. pet. in-8, front., fig. maroq. vert jans., dent. intér., tr. dor. (*Hardy*).

>Bel exemplaire de l'édition favorite.

24. Boileau. Œuvres complètes. *Paris, Lefèvre*. 1825, 5 vol. in-18, port., veau brun, dent. et milieux ornés à froid, dos ornés, dent. intér., tr. dorées (*Rel. romantique*).

25. Bossuet (J.-B.). Oraison funèbre du Grand Condé. *Paris, Morgand,* 1879, in-4, fig., br.

> Frontispice, fleuron, 4 vignettes et 3 planches par Lechevallier-Chevignard, gr. à l'eau-forte par Didier.
> Un des 100 exemplaires num. sur papier de Chine.

26. Bouchot (Henri). Les Livres à vignettes du XVe au XVIIIe. *Paris, Rouveyre,* 1891. — Les Livres à vignettes du XIXe siècle. *Paris. Rouveyre,* 1891, 2 vol. in-12. fig., br.

27. Boyer de Sainte-Suzanne. Notes d'un curieux. *Monaco,* 1878, in-8. br., tiré à 300 ex. — Diamant et pierres précieuses, bijoux, joyaux, orfèvreries, par Jeannetaz, Fontenay, Vanderheim, Coutance. *Paris,* 1881, in-8. — Ens. 2 vol. br.

28. Boysse (Ern.). Les Abonnés de l'Opéra (1783-1786). *Paris.* 1881, front. et 4 portraits à l'eau-forte, in-8, demi-rel., dos et coins mar. grenat, dos ornés, mosaïque de mar. vert. têtes dor., non rogn. — Brazier. Chroniques des petits théâtres de Paris, notice par G. d'Heylli. *Paris,* 1883, 2 vol. in-12, br. — Ens. 3 vol.

29. Buffon. Œuvres complètes. *Paris, Bastien,* 1811, 34 vol. in-8, port. et pl. en noir. veau rac., dent., dos ornés, tr. marb. (*Rel. anc*).

30. Bulletin de la librairie Morgand et Fatout. *Paris,* 1876-1895. 6 vol. in-8, reprod. de fig., armes, reliures, fac-simile de titres, br., le tome 6e en livraisons.

> Tomes I à VI.
> On y joindra les 3 catalogues suivants de la Bibliothèque de M. Destailleurs. Livres rares et précieux, 1891. Livres relatifs aux Beaux-Arts 1895. Dessins et tableaux, 1896.

31. Burnouf (Emile). La science des Religions. *Paris, Maisonneuve,* 1872. — La vie et la pensée. Éléments réels de philosophie. *Paris, Reinwald,* 1886. — Guyau (M.). L'irréligion de l'avenir. *Paris, Alcan,* 1887. — Ens. 3 vol. in-8, demi-rel. chag., non rogn.

32 Byron. Œuvres complètes de Lord Byron, trad. par A. P. et E. D. S. *Paris, Ladvocat.* 1821, 17 vol. in-18, veau, fil. dor., dent. à froid, dos ornés. — Sheridan. The School for Scandal and The Rivals, illustration by Sullivant. *London.* 1902, in-12, veau rouge. — Ens. 18 vol.

33. Cæsar. C. Iulii Cæsaris quæ extant, ex emendatione Ios. Scaligeri. *Lugduni Batavorum, ex officina Elzeviriana,* 1635, pet. in-12, titre gr., fig. sur bois et 3 cartes gr., maroq. rouge, filets, dos orné, filets intér., tr. dorées (*Bauzonnet*).

> Bel exemplaire de la première édition sous cette date. Haut. 124 mm.

34. Calendrier général du gouvernement de la Flandre, du Hainaut et du Cambrésis, pour l'année 1785. Contenant la description et les particularités les plus remarquables de toutes les villes de ces provinces, les noms des personnes qui composent l'État militaire, civil et ecclésiastique, etc. *Lille,* 1785, in-12, mar. rouge, dent., dos orné, doublé de tabis, dent. intér., tr. dor. (*Rel. anc.*).

> Aux armes de Durfort de Duras.

35. Camée (Le). Keepsake élégant. Souvenirs de littérature contemporaine orné de huit vignettes anglaises. *Paris, Louis Janet, s. d.,* in-8, fig. mar. vert, fil. et milieu dor., dos orné, dent. intér., tr. dor.

36. Catalogue des incunables de la Bibliothèque Mazarine, par Marais et Dufresne de Saint-Léon. *Paris*, 1893, in-8, br.

37. Centaure (Le), rédigé par André Gide, Pierre Louys, Henri de Régnier, Jean de Tinan, etc., avec la collaboration artistique de Jacques Blanche, Fantin-Latour, Léandre, Félicien Rops, etc. *Paris*, 1896. 2 vol. gr. in-8, fig., cart., non rogn.

38. Cérémonies des Gages de Bataille selon les constitutions du bon roi Philippe de France représentées en 11 figures, publ. par Crapelet. *Paris. Crapelet*, 1830, in-8, fig., cart — Meraugis de Portlesquez. Roman de la table ronde par Raoul de Houdenc publ. pour la première fois par H. Michelant. *Paris, Tross*, 1869, in-8, br. — Ens. 2 vol.

39. Chansonnier des Grâces (Le), avec trente airs gravés. *Paris, Louis*, 1811. — Le Chansonnier des Grâces pour 1821, avec les airs nouveaux gravés. *Paris, Louis*, 1821. — Ens. 2 vol. pet. in-12, fleurons, frontispices et musique gr., maroq. rouge à long grain, filets et dent., dos ornés, dent. intér., tr. dorées (*Rel. anc.*).

40. Chasse (La) moderne, encyclopédie du chasseur, par MM. Adelon, Besge, Canet, Cunisset-Carnot, Dorladot, Foa, etc. 438 gravures. *Paris, Larousse, s. d.* — La Pêche moderne, encyclopédie du pêcheur par MM. Albert Petit, Cunisset-Carnot, Jousset, etc. 680 gravures. *Paris, Larousse, s. d.* — Ens. 2 vol. in-8, cart.

41. Chateaubriand (Fr.-Aug.). Atala, René. *Paris, Le Normand*, 1805, in-12, fig., mar. rouge, dent., compartiments de filets dor., dos orné, dent. intér., tr. dor. (*Rel. anc.*).

   Édition originale de René et première édition d'Atala publiée avec l'aveu de Chateaubriand.
   Exemplaire sur grand papier vélin avec les 6 figures de S. B. Garnier gravées par Saint-Aubin et P. Chollard, AVANT LA LETTRE.
   Bel exemplaire, reliure genre Bradel. Très rare.

42. Chateaubriand. Atala. René. Les Aventures du dernier Abencérage. *Paris, Ladvocat*, 1827, 2 vol. pet in-8, fig. par Devéria, veau rouge, dent. et filets à froid couvrant les plats, dos ornés, dent. intér., tr. dorées (*Martin*).

   Bel exemplaire dans une bonne reliure romantique.

43. Chateaubriand (de). Mémoires d'outre-tombe. *Paris, Penaud, s .d.*, 6 vol. gr. in-8, fig., 3 vol. br. et 3 demi-rel. bas.

   Rousseurs aux volumes rel.

44. Chefs-d'œuvre (Les) d'Art à l'exposition universelle 1878, sous la direction de M. E. Bergerat. *Paris. Baschet*, 1878, 2 tomes en 1 vol. in-fol., demi-rel. bas. bleue, tr. jasp.

45. Clément (Félix). Histoire de la musique depuis les temps anciens jusqu'à nos jours. Ouvrage contenant 350 gravures représentant les instruments de musique, 68 port., etc. — Les musiciens célèbres depuis le XVIe siècle jusqu'à nos jours. Ouvrage illustré de 45 portraits gravés à l'eau-forte. *Paris, Hachette*, 1878-1885. — Ens. 2 vol. gr. in-8, fig., demi-rel. chag. rouge, plats toile, tr. dorées.

   Rousseurs.

46. Collection des mémoires sur l'art dramatique publiés ou traduits par Talma, Andrieux, Barrière, etc. *Paris, Ponthieu,* 1822-1825, 14 vol. in-8, br.

> Collection complète.

47. Collinot et A. de Beaumont. Recueil de dessins pour l'art et l'industrie gravés par Collinot et A. de Beaumont. *Paris, Morel,* 1867, 2 vol. in-fol., 249 planches en feuilles.

> Manquent les planches 17, 19, 37, 39, 64, 82, 185, 193, 205.

48. Corneille (Pierre). Le Théâtre de P. Corneille, reveu et corrigé par l'auteur, 5 vol. — Poëmes dramatiques de T. Corneille. 5 vol. *Paris, Guillaume de Luyne,* 1692. —Ens. 10 vol. in-12, demi-rel. veau rac., dos ornés, tr. rouges.

49. Correspondance des contrôleurs généraux des finances avec les intendants des provinces, 1683-1715, publiée par A. M. de Boislisle et de Brotonne. *Paris, Impr. Nationale,* 1874-1897, 3 vol. in-4, br.

50. Danse (La) des morts dess. par Hans Holbein, gravée sur pierre par J. Schlotthauer, expliquée par H. Fortoul. *Paris, Labitte, s. d.,* in-12, demi-rel., dos et coins mar. vert, ébarbé.

51. Danse des morts. Essai historique, philosophique et pittoresque sur les danses des morts, par E.-H. Langlois. *Rouen,* 1852, 2 vol. in-8, 54 pl. et nombr. vign., br.

52. Danse des morts. La Grant dance macabre des femmes que composa maistre Marcial de Paris dit d'Auvergne publ. pour la première fois par Miot-Frochot. *Paris, Bachelin,* 1869, in-4, fig. sur bois, br., tiré à 100 exempl — Recherches historiques et littéraires sur les Danses des morts et sur l'origine des cartes à jouer, par G. Peignot. *Dijon,* 1826, in-8, 5 pl., demi-rel. — Ens. 2 vol.

53. Danse des morts. Le Socialisme. Nouvelle danse des morts composée et dessinée par Alfred Rethel, lithographiée par A. Collette. *Paris, Goupil, s. d.,* 6 lithogr., en feuilles, sous couv. imp.

54. Delaborde (Vicomte Henri). La Gravure en Italie avant Marc-Antoine (1452-1505). *Paris, Rouam, s. d.,* in-4, nombr. fig., cart. demi-toile.

55. Delteil (Loys). Le Peintre graveur illustré (xixᵉ et xxᵉ siècles). *Paris, chez l'auteur,* 1910, tomes V et VI, 2 vol. in-4, fig., br.

> Le tome V, consacré à Corot. Le tome VI, Rude, Barye, Carpeaux, Rodin.

56. Delvau (A.). Dictionnaire de la langue verte, édition conforme à la dernière revue par l'auteur, augmentée d'un supplément par Fustier. *Paris, s. d.,* in-8. — Dictionnaire d'Argot et des principales locutions populaires, par Jean La Rue. *Paris, s. d.,* in-18. — Ens. 2 vol. rel.

57. Diderot. Œuvres complètes de Diderot. Revues sur les éditions originales, notices, notes, table par Assezat. *Paris, Garnier,* 1875, tome 1 à 6, 6 vol. in-8, br.

58. DIEULAFOY (G.). Manuel de pathologie interne. 15e édition. *Paris,*
1908, 1 vol. in-12. — Briand. Manuel complet de médecine légale.
Paris, 1828, in-8. — Casper. Traité pratique de médecine légale. *Pa-*
ris, 1862, 2 vol. — Ens 7 vol.

59. DUMAS (Alex.). La Dame aux Camélias. Préface de Jules Janin et
nouvelle préface inédite de l'auteur. Illustrations de A. Lynch. *Paris,*
Quantin, s. d., in-4, demi-rel. dos et coins chag vert, tête dor., non
rogn.

60. DUMONT-WILDEN. La Belgique illustrée. Préface d'Emile Verhaeren.
570 reproductions photographiques, cartes, etc. *Paris, Larousse,* s. d.,
in-4, fig., demi-rel. chag. vert, plats toile, fers spéciaux.

61. DURER (Albert). Albertus Durerus nurembergensis pictor hujus...
Quatuor his suarum institutionum Geometricarum libris, lineas,
superficies et solida corpora tractavit, adhibitis designationibus ad
eam rem accommodatissimis. Denuo ad scripti exemplaris fidem
omnia diligenter recognita, emendatius iam in lucem exeunt. *Parisiis,*
ex officina Christiani Wecheli, 1535, pet. in-folio, nomb. fig gr. sur
bois. cart. pap., tr. roug. (*Cartonn. fatigué*).

62. DYER BALL. Things Chinese. *London,* 1900, in-8, cart. — Rhys David.
Buddhism. — Christianity and Buddhism by Sterling Berry. — Con-
fucianism and Taouism by R. K. Douglas. — *London,* 1900, 3 vol.
in-12, cart. — Ens. 4 vol.

63. ERASME. L'Eloge de la Folie, composé en forme de déclamation
par Erasme. et traduit par Mr Gueudeville, avec les notes de Gérard
Listre et les belles figures de Holbein. *Amsterdam, François L'Honoré,*
1731, fleuron, front. et fig. — Les poésies d'Anacréon et de Sapho,
traduites en françois, avec des remarques par Mme Dacier. *Amster-*
dam, Marret, 1716, front. et fleuron. — Ens. 2 vol. in-12, fig., rel. veau
(*Rel. anc.*).

> Le titre du premier volume est déchiré et en partie doublé. Mouillures, 1 planche
> repliée manque.

64. FARCE (La) de Maistre Pierre Pathelin, précédée d'un Recueil de
monuments de l'ancienne langue française. depuis son origine jusqu'à l'an 1500, avec une introduction par M. Geoffroy-Chateau. *Paris,*
Amyot, 1853. in-18, mar. r.. fil., dos orné, dent. int., tr. dor. (*Capé*).

> Exemplaire sur papier vergé de Hollande teinté, avec envoi d'auteur.

65. FÉNELON. Les Aventures de Télémaque, fils d'Ulysse, avec les aventures d'Aristonoüs et un discours sur le poème épique. *Roterdam,*
1772, in-12, 1 front et 11 fig., veau rac. — Voltaire : La Henriade,
poëme. *Paris, Janet,* 1825, in-18, port. et 3 fig. par Desenne, avant la
lettre, maroq. rouge à long grain, filets et dent., milieux et dos ornés
à froid et dorés, dent. intér., tr. dorées (*Rel. romantique*). — Ens.
2 vol. in-12 et in-18, rel.

66. FÉTIS (F.-J.). Histoire générale de la musique depuis les temps les
plus anciens jusqu'à nos jours. *Paris, Didot,* 1869-1876, 5 vol. in-8, br.
— Clément (Félix). Les musiciens célèbres depuis le xvie siècle jusqu'à nos jours. *Paris, Hachette,* 1868, gr. in-8, portraits, demi-rel. —
Ens. 6 vol. in-8, demi-rel. et br.

67. FINANCES. Bourse, etc. 7 vol. in-8, demi-rel. et cart.

Duchère (A.). Traité théorique et pratique des opérations de la Bourse. Troisième édition complètement modifiée. *Paris, Chevalier-Marescq*, 1892. — Robert-Miles. Grammaire de la Bourse. *Paris, Rey*, 1905. — Arnauné. La monnaie, le crédit et le change. *Paris, Alcan*, 1909. — Vintéjoux et J. de Reinach. Formules et tables d'intérêts composés et d'annuités. Ouvrage contenant un traité pratique des emprunts et des opérations financières qui s'y rattachent. *Paris, Lévy*, 1892. — Chevilliard. Le Stock Exchange. Les usages de la place de Londres et les fonds anglais. Deuxième éd. revue et augmentée. *Londres et Paris*, 1904. — Bouchier Moxon. English practical banking. *London*, 1901. — Deutsch (Henry). Arbitrage in bullion, coins, bills, stocks, shares, and options. *London, Wilson*, 1904.

68. FLAMMARION (Camille). Le monde avant la création de l'homme, origines de la terre, origines de la vie et de l'humanité, 380 grav. sur bois, 8 cartes, 5 aquarelles. *Paris, Marpon, s. d.* — Astronomie populaire, description générale du ciel, 386 figures, pl. en chromolithog., cartes. *Paris, Flammarion*, 1905. — Ens. 2 vol. gr. in-8, cart. et demi-rel.

69. FLAUBERT (Gustave). Œuvres complètes. Madame Bovary. — Salammbo. *Paris, Société Française d'éditions d'art, s. d.* — Ens. 2 vol. gr. in-8, port. gr. à l'eau-forte, demi-rel. chag. grenat, dos ornés, têtes dorées, non rogné, étui.

70. FLÉCHIER. Oraisons funèbres. *Paris, Lefèvre*, 1826, in-18, veau violet foncé, filet doré et ornements à froid couvrant entièrement les plats, dos orné à froid et doré, dent. intér., tr. dorées. (*Thouvenin*).

71. FOND DU SAC (Le). Recueil de contes en vers. *Rouen, Lemonnyer*, 1879, 2 vol. in-12, front. et vignettes, br.

Un des 150 exemplaires sur papier Wathman num.

72. FOUGERET DE MONTBRON. La Henriade travestie en vers burlesques (par Fougeret de Montbron). *A Berlin (Paris)*, 1745, in-12, maroq. rouge jans., dent. intér., tr. dorées.

Edition originale.

73. FOURNIER (Alfr.). Traitement de la syphilis. 3e édit. *Paris*, 1909. — Prophylaxie de la syphilis. *Paris*, 1903. — Recherche et diagnostic de l'Hérédo-Syphilis tardive. *Paris*, 1907. — Pour en guérir. *Paris*, 1907. — Ens. 4 vol. 3 in-8, 1 in-12, demi-rel.

74. FRANCE (Anatole). Le Lys rouge. — La Rotisserie de la reine Pédauque. — L'île des Pingouins. *Paris, CalmannLévy, s. d.*, 3 vol. in-12, demi-rel. chag. poli, dos ornés, mosaïque de maroq. de couleur, têtes dor., non rog.

75. FUSTEL DE COULANGES. La Cité antique, étude sur le culte, le droit, les institutions de la Grèce et de Rome. *Paris, Hachette*, 1866, in-8. — Gaston Boissier. Cicéron et ses amis, étude sur la société romaine au temps de César. *Paris, Hachette*, 1865, in-8. — Richelot. Esquisse de l'industrie et du commerce de l'antiquité. *Paris, Didot*, 1838, in-8. — Ens. 3 vol. in-8, rel.

Envoi de Fustel de Coulange et de G. Boissier.

76. GAUCHER (E.). Le chancre et les syphilides cutanées et muqueuses et traitement général de la syphilis. *Paris*, 1907, fig., in-12. — Augagneur, Carle, précis des maladies vénériennes. *Paris*, 1906, in-12, fig. — Sergent. Syphilis et tuberculose. *Paris*, 1907, in-8. — Thibierge. Syphilis et déontologie. *Paris*, 1903, in-8. — Ens. 4 vol., rel.

77. Gautier (Théophile). Œuvres. *Paris, Charpentier*, 1884-1905, 7 vol. in-32, fig., demi-rel. veau fauve, dos ornés, tr. dorées.

> De la *Petite bibliothèque Charpentier*. Mademoiselle de Maupin, 2 vol. — Émaux et Camées. — Les Jeunes-France. — Fortunio. — Le roman de la Momie. — Mademoiselle Dafné.

78. Genlis (Madame de). Arabesques mythologiques, ou les attributs de toutes les divinités de la fable; en 78 planches gravées en couleurs d'après les dessins coloriés de Madame de Genlis. *Paris, Barrois*, 1810, 2 vol. in-8, demi-rel. maroq. rouge, tr. jasp.

> Ouvrage orné de 78 pl. en couleur.

79. Gessner. Chefs-d'œuvres. *Paris, Saintin*, 1820, in-18, front. et 3 fig., non sign., mar. rouge à long grain, pet. dent., dos orné, dent. int., tr. dorées. — Lambert (Marquise de). Avis d'une mère à sa fille. *Paris, Lefuel, s. d.*, in-18, titre gr., veau brun, filet doré et dent. à froid, dos orné, tr. dorées. — Legouvé. Le mérite des femmes, et autres poésies. *Paris, Janet, s. d.*, in-18, titre gr. et fig. par Desenne, maroq. rouge à long grain, filets dorés, dent. et milieux ornés à froid, dos orné, dent. intér., tr. dorées. — Ens. 3 vol. in-18, rel. (*Reliures de l'époque*).

80. Glæsener (Dʳ). Le grand duché de Luxembourg. Historique et pittoresque. *Diekirch*, 1885. — Le Luxembourg neutre, étude d'histoire diplomatique et de drc international public, par Wampach. *Paris*, 1900. — Ens. 2 vol. in-8, demi-rel. chag. rouge.

81. Goethe. Werther, traduction nouvelle et préface par Pierre Leroux, avec deux dessins de Delhos, demi-rel. dos et coins de maroq. mauve, dos orné, tête dorée, non rogn., couv. cons. — Maupassant (Guy de). Contes et Nouvelles, avec deux dessins de Jeanniot, gr. à l'eau-forte par Massé. *Paris, Fasquelle*, 1899, demi-rel. chag. bleu, dos orné, tête dorée, non rogn. — Ens. 2 vol. in-32, fig., demi-rel.

> De la *Petite bibliothèque Charpentier*.

82. Goethes. Sammtliche werke mit Einleitungen von K. Goedeke. *Stuttgart*, 1885, 10 vol. in-12, portr., cart.

83. Guillon (Ch.). Chansons populaires de l'Ain, préface de Gabriel Vicaire, illustrations de Barillot, Beauverie, Jeanniot, Raffaelli. *Paris, Monnier*, 1883, in-8, br. — Histoire du Mont Saint-Michel, par l'Abbé Deschamps du Manoir. *Avranches*, 1869, in-12, br. — Beauvais, sa cathédrale ses principaux monuments, par l'abbé Pihan. *Beauvais*, 1885, in-12, br. — Ens. 3 vol.

84. Guizot. Histoire de la civilisation en France depuis la chute de l'Empire romain, 4 vol. — Histoire de la civilisation en Europe depuis la chute de l'Empire romain jusqu'à la Révolution française. *Paris, Didier*, 1846. — Ens. 5 vol. in-12, demi-rel. veau bleu, dos ornés, tr. jasp.

85. Hallopeau et Ch. Fouquet. Traité de la Syphilis. *Paris, Baillière*, 1911. — Finger. La Syphilis et les maladies vénériennes, trad.

d'après la 4ᵉ édit. par Doyon et Spillmann. *Paris, Alcan,* 1900, fig. — Lesser. Traité des affections vénériennes. *Paris,* 1901. — Mracek. Emery. Atlas Manuel de la syphilis et des maladies vénériennes. *Paris,* 1900, pl. chromo. — Ens. 4 vol. in-8, rel.

86. Havard (H.). Dictionnaire de l'Ameublement et de la décoration depuis le xiiiᵉ siècle jusqu'à nos jours, 256 pl. hors texte et 2.500 grav. dans le texte. *Paris, Quantin,* s. d., 4 vol. in-4, br.

87. Hérédia (José-Maria de). Les Trophées. *Paris, Lemerre,* s. d., in-16, portr., maroq. rouge, filets et fleurons d'angles, dos orné, dent. intér., doublures et gardes de moire rouge, tête dorée, non rogn., couv. cons. étui.

88. Hoefer (Dr). Nouvelle biographie universelle depuis les temps les plus reculés jusqu'à nos jours, avec les renseignements bibliographiques et l'indication des sources à consulter. *Paris, Didot,* 1852-1866. 46 vol. in-8, demi-rel. veau violet, dos ornés, tr. jasp.

     La décoration de la reliure des tomes 1 à 20 est différente de celle des 26 derniers volumes

89. Homerus. Homeri opera. Ilias. Odyssea (Græce)., curante Jo. Fr. Boissonade. *Parisiis, apud Lefèvre.* 1823, 4 vol. in-18, veau fauve, filets, dos ornés. dent. intér., tr. dorées. — Virgile : Bucoliques et Géorgiques. traduction par Emile Pessonneaux avec le texte en regard, et deux eaux-fortes de F. Massé. *Paris, Charpentier,* 1885, in-18, veau grenat jans., tr. dorées. — Ens. 5 vol. rel.

90. Homerus. Eustathii, archiepiscopi thessalonicensis, Commentarii ad Homeri Illiadem (et Odisseam), ad fidem exempli romani editi (græce), cum indice Math. Devarii. *Lipsiae, Weigel,* 1827-1830, 7 vol. in-4, demi-rel. vélin, têtes rouges, non rogn.

91. Horace. Les poésies d'Horace, traduites en françois (par Ch. Batteux). *Paris, Desaint et Saillant,* 1763, 2 vol. in-12, maroq. rouge, filets et fleurons, milieux et dos ornés, dent. intér., tr. dorées.

     Exemplaire sur papier de Hollande.

92. Jacquemart (Alb.). Histoire de la Céramique, étude descriptive et raisonnée des Poteries de tous les temps et de tous les peuples. 200 fig. sur bois et 12 fig. grav. à l'eau-forte par J. Jacquemart et 1.000 marques et monogrammes. *Paris,* 1873, demi-rel. dos et coins chag. bleu, tête dor., non rog.

93. Jullien (Adolphe). Richard Wagner, sa vie et ses œuvres. Ouvrage orné de 14 lithographies originales, par M. Fantin-Latour, de 15 portraits de Richard Wagner, de 4 eaux-fortes et de 120 vignettes. *Paris, Librairie de l'Art,* 1886, in-4, fig., demi-rel. dos et coins de maroq. rouge, tête dorée, non rogn.

     Rare.

94. Jullien (Adolphe). Hector Berlioz, sa vie et ses œuvres. Ouvrage orné de 14 lithographies originales par M. Fantin-Latour, de 12 portraits de Hector Berlioz, de 3 planches et 122 gravures. *Paris, Librairie de l'Art,* 1888, in-4, fig., demi-rel. dos et coins de chag. bleu, tête dorée, non rogné, couv. cons.

95. Imbert. Historiettes ou Nouvelles en vers. *Amsterdam (Paris, Dela-lain)*, 1774, in-8, fig., maroq. grenat à long grain, filets, bordure intérieure, tr. dorées (*Ramace*).

> Premier tirage
> Un titre dess. et gr. par Moreau. 1 figure et 4 jolies vignettes par Moreau gr. par Masquelier et Née. La figure est détachée de la reliure et plus courte. On y a joint le titre de la seconde édition, dess. et gr par Moreau.

96. Laborde (Comte de). La Renaissance des Arts à la cour de France, étude sur le seizième siècle. *Paris, Potier*, 1850, 2 vol. in-8, demi-rel. dos et coins maroq. bleu, têtes dor., non rog., couv. cons. (*David*).

> Cet ouvrage n'a été tiré qu'au nombre de 131 exemplaires. Un des 105 exempl. sur vélin numéroté.

97. La Bruyère. Les Caractères de Théophraste et de La Bruyère. S. . (*Kehl*) *de l'Imp. de la Société littéraire-typographique*, 1783, in-8, veau granité, filets, dos orné, dent. intér., tr. dorées (*Rel. anc.*).

98. Lafenestre et Richtenberger Le Musée national du Louvre, cent reproduct. Edition mise à jour. — La Belgique, cent reprod. — Rome, Le Vatican, Les Eglises, cent reprod. *Paris, May, s. d.*, 3 vol. in-8, 300 fig., cart. toile.

99. La Fontaine. Fables. 268 illustrations de J.-B. Oudry. *Paris, Librairie Illustrée, s. d.*, gr. in-8, fig., demi-rel. chag. grenat, dos orné, tête dorée, non rog., couv. ill. cons.

100. La Fontaine. Contes et Nouvelles en vers. *Amsterdam (Paris)*, 1767, 2 vol. in-8, fig., veau fauve, filets, dos ornés, tr. rouges (*Rel. anc.*).

> 2 frontispices, 6 fleurons ou vignettes et 80 figures pa
> Choffard, etc. Contrefaçon de l'édition de 1762, dite des *Fermiers Généraux*.

101. La Fontaine. Contes et Nouvelles. Nouvelle édition revue sur les textes originaux. Eaux-fortes de Fraipont. *Paris, Arnould et Flammarion, s. d.*, 2 vol. in-18, demi-rel. chag. rouge, dos ornés, têtes dorées, non rog.

102. La Grange. Le Registre de La Grange (1658-1685), publ. par les soins de la Comédie française. *Paris, Claye*, 1876, in-4, br.

103. Lamartine. Méditations poétiques. *Paris, Gosselin*, 1825, in-12, fig. par Desenne, maroq. rouge à long grain, large dent. à froid et dorée, dos orné, dent. intér., tr. dorées (*Rel. de l'époque*).

104. Lamartine. Poésies. Premières Méditations poétiques. — Nouvelles Méditations poétiques. *Paris, Lemerre s d.* — Ens. 2 vol. in-16, port. gr. à l'eau-forte par Monziès, demi-rel. dos et coins de maroq. bleu, dos ornés, têtes dorées, non rog., couv. cons.

105. Langlois (E.-H.). Essai historique et descriptif sur la peinture sur verre ancienne et moderne. *Rouen, Frère*, 1832, fig., in-8. — Baron de Reiffenberg. De la Peinture sur verre aux Pays-Bas. *Bruxelles*, 1832, in-4 — De Lasteyrie. Quelques mots sur la théorie de la Peinture sur verre. *Paris*, 1852, in-12. — Reboulleau et Magnier. Manuel de la peinture sur verre. *Paris*, 1883, in-12. — Ens. 4 vol., br.

106. LARIVE (J.-M.). Cours de Déclamation prononcé à l'Athénée de Paris. *Paris, Delaunay*, 1810. 3 vol. — Observations sur l'art du Comédien et sur d'autres objets concernant cette profession en général (par d'Hannetaire). *S. l.* 1774, in-8, veau. — Alexandre Parodi. Le Théâtre en France. *Paris*, 1885, in-12. — H. Maréchal. Paris, Souvenirs d'un musicien. *Paris*, 1907, in-12. — Ens. 6 vol., 4 rel., 2 br.

107. LE CHALLEUX. Le Deuxième voyage du Dieppois Jean Ribaut à la Floride en 1565. Relation de M. Le Challeux. Notice par G. Granier. *Rouen*, 1872. Ternaux-Compans. Notice historique sur la Guyane française. *Paris, Didot*, 1843. — Essai sur l'ancien cundinamarca par Ternaux-Compans. *Paris, Bertrand, s. d.* — Peyssonnel et Desfontaines. Voyages dans les Régences de Tunis et d'Alger, publiés par Dureau de La Malle. *Paris, Gide*, 1838, 2 vol. in-8, fig. — Ens. 5 ouvrages en 4 vol. in-8, demi-rel.

108. LECLERCQ (Théodore). Proverbes dramatiques. Nouvelle éditon ornée de gravures en taille-douce d'après les dessins de MM. Johannot et autres artistes distingués. *Paris, Aimé-André*, 1835-1836, 8 vol. in-8, 78 fig. gr. sur acier, demi-rel. bas. bleue, dos ornés, tr. marb. *(Rel. romantique).* — Molière. Œuvres. Vign. de T. Johannot. *Paris, Dubochet*, 1844, in-8, fig., cart. toile, fers spéciaux, tr. dor. *(Carton. romantique).* — Ens. 9 vol.

109. LE GRAND (Antoine). Le Sage des Stoïques, ou l'homme sans passions, selon les sentiments de Sénèque. *A La Haye, chez Sam Broune*, 1662, in-12, titre gr., maroq. rouge, filets à la Du Seuil, dos orné à petits fers, dent. intér., tr. dorées.

    Mouillures et raccomodages à plusieurs ff.

110. LE SAGE. Histoire de Gil Blas de Santillane. Dernière édition, revue et corrigée. *Paris, Libraires associés*, 1747, 4 vol. in-12, fig., veau fauve, reliure fatiguée.

    Le chiffre B. surmonté d'une couronne de Duc.

111. LE SAGE. Œuvres. Histoire de Gil Blas de Santillane. *Paris, Lemerre*, 1877, 4 vol. in-16, fig., demi-rel., dos et coins de maroq. rouge à long grain, têtes dorées, non rogn., couv. cons. *(Durvand).*

    Exemplaire auquel on a ajouté la suite complète de 16 compositions de Henri Pille, gravées à l'eau-forte par Monziès. Une figure est remontée.

112. LÉVI (Eliphas). Philosophie occulte. Fables et symboles où sont révélés les grands secrets de la direction du magnétisme universel *Paris*, 1862. — Dr Baraduc. La Force vitale, notre corps vital, fluidique, sa formule biométrique. *Paris*, 1893. — Le Cœur, direction de J. Bois. Journal illustré paraissant tous les mois du n° 1 avril 1893 à août 1893, 5 n°s in-fol. — Ens. 2 vol. in-8, et 5 n°s in-fol.

    On y joindra une épreuve sur pap. du Japon du front. de Prière de J. Bois par Filiger.

113. L'HERMITE DE SOLIERS (Jean-Baptiste). La Toscane Françoise, contenant les éloges historiques et généalogiques des Princes, Seigneurs et grands capitaines de la Toscane, lesquels ont esté affectionnez à la couronne de France. Ensemble leurs armes gravées et blasonnées en taille-douce, etc. *Paris, Jean Piot*, 1661, in-4, front. et nomb. blasons, gr., demi-rel. maroq. bleu, dos orné, tr. marb.

    Le frontispice est plus court.

114. Livre (Le) du très chevalereux Comte d'Artois et de sa femme, publié d'après des manuscrits et pour la première fois, par Barrois. *Paris*, 1837, in-4, fig., br. — Les demandes faites par le roi Charles VI, touchant son état et le gouvernement de sa personne, avec les réponses de Pierre Salmon son secrétaire publ. par Crapelet. *Paris*, 1833, gr. in-8, br. — Ens. 2 vol.

115. Louys (Pierre). Aphrodite. Mœurs antiques, illustrations de A. Calbet. *Paris, Borel*, 1900, in-12, fig., demi-rel. maroq. vert, tr. jasp.

116. Lubke. Essai d'l'istoire de l'art par W. Lubke. Traduit par Koëlla. *Paris, Didot, s. d.*, 2 tomes en 1 vol. gr. in-8, 619 grav. sur bois, broch.

117. Lyon (Dr G.). Traité élémentaire de clinique thérapeutique. 7e édition. *Paris, Masson*, 1908. — Debove et Saillard. Traité élémentaire de clinique médicale. *Paris, Masson*, 1905. — Ens. 2 vol. gr. in-8, cart.

118. Mage. Voyage dans le Soudan occidental (Sénégambie-Niger) *Paris, Hachette*, 1868, in-8, fig. — Brun-Rollet. Le Nil Blanc et le Soudan. Etudes sur l'Afrique centrale. *Paris, Maison*, 1855, fig., cartes. — Journal du voyage du Docteur Charles Cuny. De Siout à El-Obéid 1857-1858. *Paris, Bertrand*, 1863, cart., 2 ouv. en 1 vol. in-8. — Rifaud. Tableau de l'Egypte, de la Nubie et des lieux circonvoisins. *Paris, Treuttel*, 1830. — Ens. 4 ouvrages en 3 vol. in-8, demi-rel.

119. Marius Michel. La reliure Française depuis l'invention de l'imprimerie jusqu'à nos jours. *Paris*, 1880. 2 vol. in-4, nombr. reprod. de reliures, br.

120. Marmontel. Contes moraux. *A Londres (Paris, Cazin)*, 1780, 3 vol. in-18, port. et fig., veau marb., filets, dos ornés, dent. int., tr. dorées (Rel. anc.).

   1 portrait par Cochin, 3 frontispices et 23 figures par Gravelot non sign.

121. Massillon. Petit Carême. *Paris, Lefèvre*, 1815, in-12, pap. vélin, maroq. rouge à long grain, filets et dent., dos orné, dent. intér., tr. dorées (Doll).

   Titre orné du portrait de Massillon gr. par Delvaux.

122. Mémoires tirés des papiers d'un homme d'état, sur les causes secrètes qui ont déterminé la politique des cabinets dans les guerres de la Révolution (par le Comte d'Allonville). *Paris, Michaud*, 1831, 10 vol. in-8, cartes, demi-rel. veau fauve, dos ornés, non rogn.

123. Mérimée (Prosper). Colomba, illustrations de Gaston Vuillier. *Paris, Calmann-Lévy*, 1897, in-8, fig., demi-rel., dos et coins de maroq. vert, dos orné mosaïque, tête dorée, non rogn., couv. ill. cons. (*Challine*).

   Premier tirage.

124. Molière. Les Œuvres de Monsieur de Molière. Nouvelle édition revue, corrigée et augmentée, enrichie de figures en taille-douce. *Paris, par la Compagnie des Libraires*, 1730, 8 vol. in-12, demi-rel. veau rac., dos ornés, tr. rouges.

   Un portrait et 31 figures d'après celles de Brissart. Lég. mouillures à la marge des premiers ff. des tomes I et IV.

125. MOLIÈRE. Œuvres. nouvelle édition. *Paris, Bailly*, 1770, 8 vol. in-12, port. et fig., veau marb., dos ornés, tr. marb. (*Rel. anc.*).

> 1 portrait et 33 figures par Boucher, gr. par Legrand.

126 MOLIÈRE. Œuvres, avec des remarques grammaticales, des avertissemens et des observations sur chaque pièce, par M. Bret. *Paris, par la Compagnie des Librairies Associés*, 1788, 6 vol. in-8, port. et fig., veau marb., filets, dos ornés, dent. int., tr dorées (*Rel. anc.*).

> 1 portrait gr. par Cathelin, d'après Mignard, 6 fleurons et 33 figures par Moreau, gr. par Simonet, De Launay, Duclos, Née, etc. Lég. déchirure à la marge d'un f.

127. MOLIÈRE. L'Imposteur, ou le Tartuffe, comédie. *Suivant la copie imprimée à Paris* (*Amsterdam, Elzevier*), 1671, pet. in-12, maroq. rouge jans., dent. intér., tr. dorées (*Masson-Debonnelle*).

128 MOLIÈRE. L'Avare, comédie. *A Paris, chez Claude Barbin*, 1675, pet. in-12, maroq. rouge jans., dent. int., tr. dorées (*Masson-Debonnelle*).

129. MOLIÈRE. Les Intrigues de Molière et celles de sa femme ou la Fameuse Comédienne. Histoire de la Guérin. Réimpression conforme à l'édition sans lieu ni date suivie de variantes. Avec préface et notes de Ch. Livet. *Paris, Liseux.* 1877, in-8, portr., demi-rel., dos et coins mar. brun, dos orné, tête dor., non rogn. (*Smeers*).

> Exemplaire sur grand papier de Hollande avec le portrait en double état. Portrait de Molière ajouté.

130. MONTESQUIEU. Le Temple de Gnide suivi de Céphise et l'Amour, avec les figures dess. par Eisen, gravées par Lemire, reproduites par Gillot. Texte original avec une préface par le Bibliophile Jacob. *Paris, Willem*, 1879, in-8, fig., demi-rel. cuir de Russie, tête dor., non rogn.

> Un des 100 sur grand papier de Hollande avec les figures sur papier de Chine volant.

131. MÜNTZ (Eugène). Histoire de l'Art pendant la Renaissance. I, Italie. Les Primitifs. *Paris, Hachette*, 1889, in-4, nomb. fig., demi-rel. chag. rouge, dos orné, tr. jasp.

> Tome I, rare.

132. MUSICIENS (Biographie de). 7 vol. in-4 et in-8, demi-rel. et cart.

> Les Maîtres de la Musique : Haendel, par Romain Rolland — Beethoven, par Chantavoine — César Franck, par Vincent d'Indy. *Paris, Alcan*, 1907-1910. — Les Musiciens célèbres : Chopin, par Élie Poirée. — Charles Gounod, par Hillemacher. *Paris, Laurens, s. d.* — Berühmte Musiker : Georg Friedrich Händel. — Camille Saint-Saëns. *Berlin*, 1898-1902.

133. MUSIQUE. Bergmans. La musique et les musiciens. *Gand*, 1902, in-8. — Lavoix. La musique française. *Paris, s. d.,* in-8. — Saint-Saëns. Harmonie et mélodie. *Paris, s. d.,* in-12. — Scholtze. Wollstandiger Opernführer durch die Repertoireopern. *Berlin, s. d.,* in-12. — Spemanns goldenes Buch der musik. *Stuttgard*, 1904, in-12. — Poussard. Le guide du pianiste. *Paris, s. d.,* in-12. — Nohl. Allegemeine Musikgeschichte. *Leipzig, s. d.,* in-12. — Ens. 7 vol. demi-rel.

134. MUSSET (A. de). Illustrations pour les œuvres de Alfred de Musset. Aquarelles par Eugène Lami, eaux-fortes par Adolphe Lalauze. *Paris, Morgand*, 1883, gr. in-4, 60 planches, en feuilles, cart. de l'édit.

> Épreuves d'artiste terminées, avant la lettre et avec remarques sur papier vélin, titre en double état. Exemplaire non numéroté.

135. Musset (Paul de). Biographie de Alfred de Musset. *Paris, Lemerre,*
1877, in-16, port., maroq. vert, filets et dent., dos orné, dent. intér.,
tête dorée, non rogn , couv. cons. (*Courmont*).

Exemplaire imprimé sur papier de Chine avec le portrait en double épreuve : en noir
et en sanguine.

136. Nadaud (Gust.). Une Idylle, avec 11 planches d'après les dess. de
Alb. Aublet. *Paris, Jouaust,* 1883, in-4, br. — Pitre-Chevalier. Bre-
tagne et Vendée. Histoire de la révolution dans l'ouest, illustrée par
Leleux, Penguilly, Johannot. *Paris, Coquebert, s. d.,* gr. in-8, fig., cart.
toile. — Ens. 2 vol.

137. Office (L') de la Semaine Sainte, corrigé de nouveau par le commandement du Roy. *Paris, Fossel,* 1677, in-8, front. et fig., maroq.
rouge, filets, semis d'L couronnés et de fleurs de lys couvrant les
plats et le dos, tr. dorées (*Rel. anc.*).

Au chiffre de Louis XIV. Eraflures à la reliure.

138 Office de la Semaine Sainte, en latin et en françois, à l'usage de
Rome et de Paris. Dédié à la Reine. *Paris, Vve Mazières,* 1728, in-8,
titre gr., vign. et 3 fig. par Scotin, maroquin rouge, compartiments
de filets et de petits fers couvant les plats, dos orné, dent. int., doubl.
et gardes de papier doré, tr. dorées (*Rel. anc.*).

Aux armes de la Reine Marie Leczinska, femme de Louis XV. Lég. éraflures à la
reliure.

139. Ovidius. Publii Ovidii Nasonis. Opera omnia, cum integris Jac.
Micylli, Herc Ciofani et D. Heinsii notis et N. Heinsii curis secon-
dis, et aliorum in singulas partes partim integris partim excerptis
adnotationibus, cura et studio Petrus Burmanni, qui et suas notas
adjecit. *Amstelodami, apud Janssonio Waesbergios,* 1727, 4 vol. in-4,
front. par Bernard Picart, veau granit, dos ornés Rel. anc.).

Une des meilleures éditions de ce poète.
Très bel ex libris de Mgr de Bouzey (Lorraine, xviii* siècle, gravé par Nicole de
Nancy, à chaque volume.

140. Ovidius. De Gedaut Wisselingen van P. Ovidius Naso, in Het latyn
en nederduitsch door I. Verburg. Omstandige Aantekeningen tot
ophelddering der Verdichtselen door A. Banier. *Amsterdam, Wetstein
en Smith,* 1732, 2 tomes en 1 vol. in-fol., fig., vélin, dent. et milieu
dor., dos orné, tr. jasp. (*Rel. anc.*).

Premier tirage des figures de B. Picart pour les Métamorphoses d'Ovide.
Bel exemplaire superbes épreuves.

141. Palestine. The Survey of western (and Eastern). Palestine. Pu-
blissed for The Commitée of the Palestine exploration fund. *London,* 1881-1899, 13 vol. in-4, nombr. planches, cart.

Cet exemplaire se compose de : Memoirs of the Topography, orography, hydrogra-
phy and archeology by. C. R. Conder and H. Kitchener. 1881, 3 vol. — Spécial papers
on topography, etc., 1881, 1 vol. — Jerusalem by Cl. Warren and C. R Conder, 1884.
1 vol. — The Fauna and Flora of Palestine, by H. B. Tristam. — Fauna and Flora of
Sinaï, Pétra, and Wâdy arabah, by H Chichester Hart. 1891, 1 vol. — Geology and
Geography by Edw. Hull, 1886, 1 vol — Arabic and English name lists by Conder and
Kitchener. 1881, 1 vol. — A general index, compiled by H. Stewardson, 1888, 1 vol. —
Eastern Palestine, Memoirs of the Topography etc. by Conder. tome 1er The awan
country, 1889. — Archæological Researches in Palestine during the years 1873-1874, by
Clermont-Ganneau 2 vol., 1896-99. — Spécial édition n° 91.

* 142. PARIS. Ed. Drumont. Mon vieux Paris. 100 dessins de G. Coindre.
Paris, Flammarion, s. d., 2 vol., demi-rel. peau de truie, tête dor.,
n. rogn., couv. cons. — Marquis de Rochegude. Guide pratique à
travers le vieux Paris. *Paris*, 1907. — Paris Studien und, Eindrücke
von Wather Gensel, fig. de A. S. Rethel. *Leipzig*, 1900. — Ens. 4 vol.
in-12, cart. et rel.

143. PARIS. Georges Caïn. Promenades dans Paris. — Nouvelles promenades dans Paris. — A travers Paris. — Les Pierres de Paris. —
Paris, Flammarion, s. d., 4 vol. in-12, 523 illustrations et 60 plans,
demi-rel. chag. et peau de truie, tête dor., non rogn.

144. PASCAL. Pensées de Blaise Pascal. *Paris, Lefèvre*, 1824, 2 vol.
in-18, pap. vélin, port., cart. papier, non rogn. (*Cartonn. de l'époq.*).

145. PEN and CAMERA. The British Isles, depicted by Pen and Camera
with a series of coloured plates. *London, Cassel and Company, s. d.*,
3 vol. in-4, nomb. fig., demi-rel. dos et coins de maroq. rouge, dos
ornés, têtes dorées, ébarb. — Bernhardt (F. de). Londres et la vie à
Londres, ouvrage illustré de 109 photogravures. *Paris, Dumoulin*,
1906, in-4, fig., cart. — Ens. 4 vol. in-4, fig., demi-rel. et cart.

146. PERRAULT (Ch.). Les Contes des Fées en prose et en vers. Deuxième édition revue et corrigée sur les éditions originales et précédées
d'une lettre critique par Ch. Giraud. *Lyon, Perrin*, 1865, in-8,
fig., vign. mar. rouge, dor. à la Du Seuil, dos orné, dent. intér., tr dor.
(*Raparlier*).

147. PINDARUS. Pindari opera quæ supersunt.. Textum in genvina me-
tra restituit et ex fide librorum, annotationem criticam scholia in-
tegra. commentarium perpetum et indices adjecit Augustus Boe-
ckhius. *Lipsiæ, apud Gottlob Weigel*, 1811, 2 tomes en 3 vol. in-4,
veau violet, filet doré et ornements à froid couvrant les plats, dos
orné, tr. marb. (*Rel. romantique*).

> Excellente édition grecque-latine de ce poète.

148. PIRON. Œuvres complètes d'Alexis Piron, publiées par M. Rigo-
ley de Juvigny. *Paris, Lambert*, 1776, 7 vol in-8, portr., veau, dos ornés, tr. marbr.

149. PLAISIRS DE L'AMOUR (Les) ou recueil de contes, histoires et poèmes
galans. *Chez Apollon, au Mont Parnasse (Paris, Cazin)*, 1782, 3 tomes
en 1 vol. in-12, front. et fig., maroq. rouge, filets, dos orné, dent. intér., tr. dorées (*Bosquet*).

> Recueil de contes galants par La Fontaine, Dorat, Gresset, etc., illustré de 1 fron-
> tispice et 17 jolies figures non sign.
> Petite déchirure au titre du Iᵉʳ vol. Le tome III a été placé avant le tome II.

150. PLUTARCH. Opera Graece et Latine, pub. par Dubner. *Parisiis,
Didot*, 1846-55, 5 vol. in-8. — Fragmenta Historicorum graecorum,
Letronii cum Mulleri. *Parisiis, Didot*, 1853, 4 vol. in-8. — Ens. 9 vol.,
demi-rel. veau fauve, dos ornés, tr. jasp.

151. POUGIN (Arthur). Dictionnaire historique et pittoresque du théâtre et des arts qui s'y rattachent. Ouvrage illustré de 350 gravures
et de 8 chromolithographies. *Paris, Didot*, 1885, in-4, fig., demi-rel.
dos et coins de chag. rouge, dos orné, tête dor., non rogn.

152. Prévost (Abbé). Histoire de Manon Lescaut et du chevalier Des Grieux. Préface de Guy de Maupassant. Illustrations de Maurice Leloir. *Paris, Lib. Illustrée, s. d.*, gr. in-8, fig. en couleur et gr. à l'eau-forte, demi-rel. mar. bleu, dos orné, tête dorée, non rogné, couv. ill. cons.

153. Quentin-Bauchart (Ernest). Les Femmes bibliophiles de France (xvie xviie et xviiie siècles). *Paris, 1886*, 2 vol. gr. in-8, nombr. **pl., br.**

154. Rabelais. Les Œuvres de M. François Rabelais, docteur en médecine dont le contenu se voit à la page suivante. Augmentée de la vie de l'auteur... avec l'explication de tous les mots difficiles. *S. l. (Amsterdam, Daniel Elzevier)*, 1666, 2 vol. pet. in-12, cuir de Russie, filets à la Du Seuil, dos ornés, dent. intér., tr. dorées *(Rel. anc.)*.

   Haut. 130 mm. Les deux derniers ff. (blancs) du tome Ier manquent. Rousseurs aux premiers ff. du tome II. Cachet sur les titres.

155. Rabelais. Œuvres. *Paris, Desoer*, 1820, 2 vol. pet. in-12, fig., demi-rel. dos et coins de veau rouge, dos ornés, tr. marb. *(Rel. romantique)*.

   1 portrait et 14 figures par Adam fils, gr. par Thompson. Taches à la marge supérieure de quelques ff. du tome II.

156. Recueil factice de 185 planches, dont environ 100 en chromolithographie, extraites des ouvrages de Lechevallier-Chevignard, Lacroix et Séré, etc. Costumes, étoffes, vitraux, architecture, vues de Parthenay par Sadoux, etc. en 1 vol. gr. in-4, demi-rel., pl. montées sur onglets. — Meubles dans le style gothique, xve siècle, 25 pl. Dessins pour fer et bronze dans le style du xve et du xvie siècle, 26 pl. *Paris, chez Varin*, 1844, 51 planches, dess. par Auguste Pugin, en feuilles.

157. Redouté. Album de Redouté, peintre de fleurs. Dédiée à S. A. R. Mme la Duchesse de Berry. *Paris, Bossange, s. d.* (vers 1818, in-fol., 1 feuillet pour la dédicace. Titres et 24 pl. grav. par Dien, Bessin, Langlois Legrand, etc. et coloriées, cart. de l'édition.

   Cet album est un choix des plus belles planches de Redouté.

158. Régnier. Œuvres. Nouvelle édition considérablement augmentée. *Genève, 1777*, 2 vol., front. par Marillier, gr. par De Launay. — Voltaire. Contes et Poésies diverses. *La Haye, Gosse*, 1777, port. — Théâtre de Voltaire augmenté de plusieurs pièces. *Amsterdam, 1782*, 8 vol., 1 front. — Ens. 11 vol. in-18, veau fauve, dos ornés, tr. dorées *(Rel. anc.)*.

159. Renan (Ernest). Vie de Jésus. *Paris, Lévy, s. d.*, in-8, demi-rel. chag. grenat, dos orné, tête dorée, non rogn.

160. Renouvier (Jules). Des Types et des manières des maîtres graveurs pour servir à l'histoire de la gravure en Italie, en Allemagne, dans les Pays-Bas et en France. *Montpellier*, 1853, 4 livr. in-4, br. — Quelques mots sur la gravure au millésime de 1418, par C. D. B. avec 7 grav. *Bruxelles*, 1846, in-4, br. — Ens. 2 vol.

161. Renouvier (J.). Des gravures en bois dans les livres d'Anthoine Vérard, 1485-1512. *Paris*, 1859. — Histoire de l'origine et des progrès de la gravure dans les Pays-Bas et en Allemagne jusqu'à la fin du xve siècle. *Bruxelles*, 1860. — Jehan de Paris varlet de chambre et peintre ordinaire des rois Charles VIII et Louis XII. *Paris*, 1861. — Des gravures sur bois dans les livres de Simon Vostre, libraire d'heures. *Paris*, 1862. — Des portraits d'auteurs dans les livres du xve siècle. *Paris*, 1863. — Ens. 5 vol. in-8, fig., br.

162. Reymond (Dr L.). Physiologie et évolution de l'amour sexuel à traver. les âges et les races humaines. Préface du Dr L. Magon. *Paris, Société parisienne d'édition*, 1903, in-8, demi-rel. chag. rouge, tr. jasp.

163. Richard et john lander. Journal d'une expédition entreprise dans le but d'explorer le cours et l'embouchure du Niger. Trad. par Louise Sw. Belloc. *Paris, Paulin*, 1832, 3 vol. in-8, et carte, demi-rel. chag. brun. — Raffanel, nouveau voyage dans le pays des nègres, suivi d'une étude sur le Sénégal. *Paris*, 1856, 2 vol. in-8, fig., cart., demi-rel. chag. rouge. — Ens. 5 vol.

164. Richepin (Jean). Œuvres. *Paris*, 1880-1899, 13 vol., 11 in-12, 2 in-8, cart. demi-toile.

    Chansons des Gueux, Les Morts bizarres, Les Caresses. Miarka, Les Blasphèmes, Les Grandes Amoureuses, Monsieur Scapin, La Mer, Césarine, Le Cadet, Truandailles, Cauchemars, Les Truands.

165. Richepin (Jean). Théâtre. *Paris*, 1883-1898, 8 vol., 5 in-8, 3 in-12, cart. demi-toile.

    Editions originales. Envois. Nana-Sahib. Le Flibustier. Par le Glaive, Vers la joie, Théâtre chimérique, Le Chemineau, Le Chien de Garde, La Martyre.

166. Richepin (Jean). Œuvres. *Paris*, 1886-1901, 10 vol. in-12, cart. demi-toile.

    Editions originales. Envois. Le Pavé, Braves gens. La Miseloque, L'Aimé, Mes Paradis. Flamboche, Contes de la décadence, La Bombarde, La Gibasse, Contes espagnols.

167. Rivoli (Le duc de). Bibliographie des livres à figures vénitiens de la fin du xve et du commencement du xvie 1469-1525. *Paris*, 1892, in-8, fig., br.

168. Roland (Mme). Mémoires de Madame Roland. Nouvelle édition accompagnée de notes et d'appendice; précédée d'une notice biographique et ornée d'un beau portrait. *Paris, Rapilly*, 1823, 2 vol. in-12, port. gr. par Rouargue, non sign., demi-rel. dos et coins de maroq. rouge à long grain, dos ornés, non rog. (*Rel. de l'époque*).

    Bel exemplaire à toutes marges.

169. Romans (Les) de la table ronde mis en nouveau langage et accompagnés de recherches sur l'origine et le caractère de ces grandes compositions par Paulin Paris. *Paris*, 1868 5 vol. in-12, br. — Hudibras, poème de Samuel Butler, trad. par Towneley. *Paris, Jombert*, 1819, 3 vol. in-12, fig. de Hogarth, br. — Ens. 8 vol.

170. ROMMANT DE LA ROSE (Le). *Imprimé à Paris. Jehan Dupré* (Réimpression) *Cy finist le livre du Romant de la rose achevé d'imprimer à Paris le XV jour de Feburier 1878, par Motteroz pour Delarue*, in-4, fig. sur bois, br.

171. RONDOT (Natalis). Les graveurs sur bois et les imprimeurs à Lyon au xve siècle. *Paris, Claudin*, 1896, in-8, br.

172. RONINS (Les). Forty seven Ronin. *Yokohama, Kelly et Walsh, s. d.*, format 17-11 cent., fig., br.

    55 figures coloriées.

173. ROSTAND (Ed.). Cyrano de Bergerac, comédie héroïque en cinq actes, en vers. — L'Aiglon, drame en six actes, en vers. *Paris, Fasquelle*, 1907. — Ens. 2 vol. pet. in-8, demi-rel., dos et coins de chag. grenat et vert, dos ornés, têtes dorées, non rogn., couv. cons., étuis.

174. ROUSSEAU (J.-J.) La Nouvelle Héloïse, ou lettres de deux amans habitans d'une petite ville au pied des Alpes. *Londres (Paris, Cazin)*, 6 vol. in-18, 1 front. et 10 fig. (sur 11), par Moreau, gr. par Delvaux, veau rac., filets, dos ornés, tr. dorées (*Rel. anc.*).

    Le tome II manque.

175. ROUSSET (Camille). Histoire de Louvois et de son administration politique et militaire. *Paris, Didier*, 1862, 4 vol. in-8, demi-rel. chag. rouge, dos ornés, tr. jasp. (*Wagner*).

176. ROWLANDSON The Tour of doctor Syntax in search of the picturesque a poem. Second edition. *London, Ackermann*, 1812. Suite de 1 titre, port. et 50 planches par Rowlandson, gr. en couleurs, in-8, demi-rel. dos et coins de maroq. vert à long grain, dos orné.

    Raccommodages et éraflures à trois planches. La planche *Doctor Syntax with mylord* est en double état.

177. SAINT-MARC DE VENISE. Delle antiche statue grecche e romane che nell Antis ala della libreria di San Marco, e in altri luoghi publici di Venezia si trovano. *In Venezia*, 1740, 2 vol. in-fol., 100 pl. veau (*Rel. anc.*).

    Bel ouvrage orné d'un frontispice d'un Portrait et de 100 pl. de sculptures gravées, Texte avec de jolis encadrements grav.

178. SAINT PIERRE (B. de). Paul et Virginie, avec une notice sur sa vie écrite par lui-même. *Paris, Lefèvre*, 1828, in-18, front., maroq. rouge, filet et dent. à froid, milieux et dos ornés, dent. intér., tr. dorées (*Rel. romantique*).

    Lég. rousseurs.

179. SAINT-PIERRE (Bernardin de). Paul et Virginie (et La Chaumière indienne). *Paris, Curmer, Rue Sainte-Anne*, 1838 gr. in-8, port., carte et, fig., maroq. rouge, filets à froid et dorés, large dent. couvrant presque entièrement les plats, dos orné, dent. intér., tr. dorées, étui (*Simier*).

    Premier tirage des illustrations de Meissonier, Français, Johannot. Exemplaire avant le portrait de Mme Curmer et avec le portrait du Docteur par Meissonier. Lég. éraflures à la reliure.

180. Saint-Pierre (Bernardin de). Paul et Virginie. Préface de Jules Claretie. Eaux-fortes de Frédéric Régamey. *Paris, Quantin,* 1878, in-8, port. et fig., demi-rel. dos et coins de maroq. bleu, dos orné, tête dorée, non rogn.

> De la *Bibliothèque de luxe des Romans célèbres.*
> Exemplaire auquel on a ajouté la suite complète de 8 eaux-fortes, dess. et gr. par Ad. Lalauze, épreuves avant toute lettre sur papier de Chine.

181. Saint-Pierre (Bernardin de). La Chaumière Indienne. *Paris, Lefèvre,* 1828, in-12, fig., veau brun, filets dorés et ornements à froid couvrant les plats, dos orné, dent. intér., tr. dorées (*Rel. romantique*).

> 1 titre gr. avec fleuron et 3 vignettes par Corbould.
> Exemplaire sur papier vélin avec le fleuron et les vignettes en double état dont l'eau-forte pure.

182. Scarron. Le Romant Comique de M. Scarron. *Paris, Guillaume de Luyne,* 1669. 2 parties en 1 vol. in-12, veau rac., filets, dos orné, tr. jasp.

> Le frontispice manque.

183. Schillers. Samtliche Werke in zwolf banden. Mit einem Bildnis, einer biographie und Charakteristik Schillers von G. Harpelès. *Leipzig, Max Hesses, s. d.,* 12 tomes en 4 vol. in-12, portr., demi-rel. chagr. grenat.

184. Société (La) Galante et littéraire au xviiie par Honoré Bonhomme. Eaux-fortes de Malval. — La Cour et la ville au xviiie siècle par A. Jullien. Eaux-fortes de Malval. — L'Opéra secret au xviiie siècle, par A. Jullien. Eaux-fortes de Malval. *Paris, Rouveyre,* 1880, 3 vol. in-8, front., fig., demi-rel. dos et coins chag. rouge, têtes dor., non rogn., couv. cons.

185. Stanley (H.-M.). Dans les ténèbres de l'Afrique. Recherche, délivrance et retraite d'Emin Pacha. Ouvrage traduit de l'anglais avec l'autorisation de l'auteur, contenant 150 gravures et 3 cartes. *Paris, Hachette,* 1890. 2 vol. gr. in-8, fig., demi-rel. dos et coins de mar. rouge, têtes dorées, non rogn.

> Une carte manque.

186. Stratz (Dr C.). Die Schönheit des weiblichen körpers, mit 180 theils farbigen abbildungen. *Stuttgart,* 1902. — Die Rassenschonheit des weibes, mit 233 abbildungen. *Stuttgart,* 1902. — Vignola. Toutes les femmes. Tome Ier Femmes d'Europe. *Paris, Méricant,* 1901, fig. — Ens. 3 vol. in-4 et petit in-8, demi-rel. et cart.

187. Tasse (Le). Jérusalem délivrée, poème traduit de l'italien. Nouvelle édition, revue et corrigée, enrichie de la Vie du Tasse. *Paris, Bossange,* 1813, 2 vol. pet. in-8, port. et fig., maroq. vert à long grain, filet et ornements à froid et dorés couvrant entièrement les plats, dos ornés, dent. intér., tr. dorées (*Rel. romantique*).

> 1 portrait et 20 figures par Chasselas gr. par Delvaux, Alexandre et Volyn.
> Exemplaire sur papier vélin avec les figures avant la lettre.

188. Tasse (Le). Jérusalem délivrée, poème traduit de l'italien. Nouvelle édition revue et corrigée, enrichie de la Vie du Tasse. *Paris, Bos-*

sange, 1814, 2 vol. in-8, fig , veau marb., dent., dos ornés, dent. int.,
tr. dorées (*Rel. anc.*).

> 1 portrait par Chasselas et 20 figures par Le Barbier, gr. par Delvaux, Dupréel,
> etc. Bel exemplaire.

189. TESTAMENTUM. Novum Jesu Christi Testamentum, ad exemplar Vati-
canum accurate revisum. *Parisiis, Barbou*, 1785, in-12, front. par
Gravelot, gr. par de Longueil, et carte, veau marb., filets, dos ornés,
tr. dorées (*Rel. anc.*).

190. THÉZAN (Denis de). Histoire généalogique de la maison de Plœuc.
Beauvais, 1873, in-4, br.

191. THIERRY (Augustin). Récits des temps mérovingiens, avec 42 dessins de J.-P. Laurens, reprod. par les procédés Poirel. *Paris, Hachette*, 1887, in-4, fig., demi-rel., dos et coins maroq. rouge jans.,
tête dor., non rogn. (*Gruel*).

192. THIERS. Histoire de la Révolution française. *Paris*, 1839, 10 vol
in-8, fig — Histoire du Consulat et de l'Empire. *Paris, Paulin*, 1845,
20 vol. in-8. — Ens. 30 vol. demi-rel. veau bleu, dos ornés, tr. jasp.

> Les tomes 16 à 20 de l'histoire du consulat sont brochés.

193. THIERS. Histoire du Consulat et de l'Empire. *Paris, Paulin*, 1845,
20 vol. in-8, cart.

194. TOWER MENAGERIE (The). Comprising the natural history of the ani-
mals contained in that establishment, with anecdotes of their Cha-
racters and history. Illustrated by portraits of each, Taken from
life by William Harvey, and engraved on wood by Branston and
Wright. *London*, 1829, in-8, nomb. fig. sur bois, mar. rouge, compart. de 5 fil. dor., dent. à froid et compart. de filets à froid et dor.,
dos orné, filets intér., tr. dor. (*Purgold*).

> Très belle reliure romantique d'une exécution parfaite.

195. UZANNE (Octave). Le paroissien du célibataire. Observations phy-
siologiques et morales. Illustrations de A. Lynch grav. par Gaujean.
Paris, 1890, in-8, mar. bleu, dent. et guirlande de feuillages, dos
orné, dent. intér., tr. dor., étui (*Ruban*).

> Un des 25 exemplaires sur papier de Chine avec 4 ÉTATS du frontispice et 3 ÉTATS
> des eaux-fortes.

196. UZANNE (Octave). Voyage autour de sa chambre. Illustrations de
Henri Caruchet, gravées à l'eau-forte par Frédéric Massé, relevées
d'aquarelles à la main. *Imprimé à Paris, pour les Bibliophiles indépen-
dants*, 1896, gr. in-8, fig , br., couv. ill.

> Ouvrage publié par les soins de M. Octave Uzanne et tiré à 210 exemplaires num
> sur papier vélin, texte et planches gravés, accompagnés du tirage à part en noir,
> avec remarques, de toutes les illustrations.

197. VAN PRAET. Recherches sur Louis de Bruges. Suivies de la notice des manuscrits qui lui ont appartenu, et dont la plus grande
partie se conserve à la Bibliothèque du Roy. *Paris, De Bure*, 1831. —

Didot. Essai sur l'histoire de la gravure sur bois. *Paris*, 1843. — Socard. Livres populaires imprimés à Troyes de 1600 à 1800. *Paris*, 1864. — Ephrussi. Etude sur le Songe de Poliphile. *Venise*, 1499 et 1515. *Paris*, 1546. — Etude sur la chronique de Nuremberg de Hartmann Schedel. *Paris*, 1894. — Ens. 5 vol. in-8, fig., br.

198. Vigny (Alfred de). Œuvres. *Paris, Charpentier*, 1882, 4 vol. in-32, fig., demi-rel. veau fauve, dos ornés, tr. dorées.

     De la *Petite Bibliothèque Charpentier*. Poésies complètes. — Stello. — Théâtre, 2 vol.

199. Vigny (A. de). Eloa la sœur des Anges, par Ziegler. Compositions au trait sur le Poëme de M. A. de Vigny. *S. l. n. d.*, in-folio, titre et 12 planches, gr. par Ziegler, débroché.

     Mouillures, déchirure et tache au titre.

200. Viollet-Le-Duc. Dictionnaire raisonné de l'Architecture française du XIe au XVIe siècle. *Paris, Morel*, 1875, 10 vol. in-8, fig., demi-rel. chag. grenat, tr. jasp., le tome X débroché.

201. Voltaire. Œuvres complètes. *Paris, Lequien*, 1820-1826, 70 vol. in-8, port., demi-rel. veau bleu, dos orné, tr. marb. (*Rel. de l'ép.*).

202. Vuillier (Gaston). La Danse. *Paris, Hachette*, 1898, in-4, nombr. reproductions, br.

203. Wagner (Richard). La tétralogie de l'Anneau du Nibelung, publiée par L.-P. de Brinn'Gaubast et Ed. Barthélemy. *Paris, Dentu*, 1824. — Les maîtres-chanteurs de Nürnberg. Edition publiée par L.-P. de Brinn'Gaubast et Barthélemy, enrichie de la musique des thèmes. *Paris, Dentu*, 1896. — Ens. 2 vol. pet. in-8, demi-rel. chag. bleu, têtes dorées, non rogn.

204. Wagner (Richard). Ma vie. *Paris, Plon*, 1911, 2 vol. in-8, demi-rel. chag. bleu, têtes dorées, non rogn. — Mendès (Catulle). Richard Wagner. *Paris Fasquelle*, 1909. — Max Chop. Richard Wagner. *Berlin*, 1909. — Weingartner. Bayreuth, 1875-1896. *S. l.*, 1906. — 3 plaq. diverses. Ens. 5 vol. et 3 plaq. in-8 et in-12, demi-rel. et br.

     Les 2 derniers volumes et les 3 brochures sont en Allemand.

205. Welschinger (Henri). La guerre de 1870. Causes et responsabilités. *Paris, Plon*, 1910, 2 vol. in-8, demi-rel. — Van Neck (Léon). 1870-71, illustré. Préface par Paul Adam. *Paris, Dorbon, s. d.*, in-4, fig. — Niox (Général). La guerre de 1870. Simple récit. *Paris, Delagrave, s. d.*, fig. — Die Französische Armée, in ihrer gegenwärtigen uniformierung, mit 18 tafeln in lithographischern farbendruck. *Leipzig, Moritz Ruhl*, planches de costumes, cart. — Ens. 5 vol. in-4, demi-rel. et cart.

206. Wetten (P. van). Cours élémentaire de droit romain contenant l'histoire du droit romain et la législation de Justinien. 3e édition. *Paris, Maresq*, 1893, 2 vol. in-8. — Pandectes. *Paris*, 1909, 2 vol. in-8. — Ens. 4 vol. in-8, demi-rel.

207. Wican. Tableaux, statues, bas-reliefs et camées de la galerie de
Florence et du palais Pitti. Avec des explications par Mongez. *Paris,*
1821, in-fol. Livraisons 49 et 50, fig. en livr.

    Figures avant la lettre. Livraisons 49, 50 et dernière qui manquent souvent aux
exemplaires.

208. Witkowski. La génération humaine. 226 grav. sur bois. *Paris,* 1882.
— Darwin. L'origine des espèces au moyen de la sélection naturelle.
— Descendance de l'homme et la sélection sexuelle. *Paris, s. d.,* 2 vol.
— Bölsche. La descendance de l'homme. *Paris, s. d* — Buchner.
Force et matière. *Paris,* 1876, portr. — Ens. 5 vol. in-8, demi-rel.

209. Zola (Émile). Nana. — La Terre. — La Bête humaine. — Lourdes.
— La Vérité en marche. — Pages choisies. — Vérité. *Paris, Char-*
pentier, 1887-1903, 7 vol. in-12, demi-rel.

CATALOGUES ILLUSTRÉS DE VENTES DE TABLEAUX
ET OBJETS D'ART

210. Collections Jean Dollfus. Mars à mai 1912. 4 vol., pl.

211. Collection Maurice Kann. Objets d'Art et de Haute curiosité, décembre 1910. — Tableaux anciens. Juin 1911. — 2 vol., pl.

212. Collection Roussel. Mars 1912.

213. Faïences et porcelaines. Collection Tachard, Bordes, Chavagnac,
Fitzhenry. 8 catalogues.

214. Objets d'art. Ameublement, etc. Collections Doisteau, 2 vol. Guns-
burg, Lowengard, Pouloutsoff, Sardou, 6 vol. Demachy, Baletta.
15 catalogues illustrés.

215. Objets d'art de Haute curiosité. Collection Sambon, Cottreau,
Mohl, Buisset, Lowengard, Nélidow, etc. 13 catalogues illustrés.

216. Objets d'art et de haute curiosité, dessins, Estampes de l'Extrême-
Orient. Collection Kiss, Forgeron, van Den Broeck, etc. 14 catalogues
illustrés.

217. Objets d'art, tapisseries, ameublement. 35 catalogues illustrés.

218. Tableaux anciens. Collection Chabert, Mniszech, Surmont, Haro,
P. Muller, Scheikevitch, etc. 18 catalogues illustrés.

219. Tableaux anciens. 25 catalogues.

220. Tableaux modernes. Collection Breton, Dreux, Jacquet, Coquelin-
Cadet, Bernstein, Bernier, Freund Deschamps, etc. 15 catalogues
illustrés.

221. Tableaux modernes. Dolent, Bernier, Buchimont, Zuber, etc. 25 catalogues illustrés.

A la suite de ce numéro il sera vendu par lots environ 300 bons volumes de Droit, Médecine et de Littérature.

DESSINS, ESTAMPES, LITHOGRAPHIES,
ŒUVRES DE CHARLET, RAFFET, BONINGTON
VERNET, ETC.

222. Anatole et Bocquin. Costumes militaires Turcs. 7 pièces coloriées.

223. Atkinson. Mœurs et costumes Russes. 21 pl. en couleurs.

224. Bonington. Œuvres. Rue du Gros-Horloge à Rouen (Béraldi 1. Tour du Gros Horloge, Evreux (4). Saint-Taurin Evreux, (5). Pesmes (6). Abbaye de Tournus (7). Façade de l'église de Brou (8). Tombeau de Marguerite (9). Vue générale du château d'Arlay (10). Ruines du Château d'Arlay (11). Croix de Moulin-les-planches (13). Faubourg de Besançon (14). Façade de Saint-Jean de Lyon (15) Restes et fragments d'architecture, titre, suite de 10 lithogr., manquent les pl. 7, 9 et 10 (B 16 à 25). Voyage au Brésil, 3 pièces, complet (27 à 29). Scotch Sketches Drawn on Stone by The late R. P. Bonington. *London, Colnaghi*, 1829. Couvertures et 13 pl., suite complète. Ancienne porte Stirling en double, 1er état avant la lettre. — Ens. 15 pièces (30 à 42). Sujets de genre, 4 pièces (sur 6), pl. nos 2, 3, 4 et 5 (B 48 à 51). Vue de Bologne, eau-forte. *London, Colnaghi*, 1828 (61). — Ens. 42 pièces.

     Toutes ces épreuves sont très belles.

CHARLET
Œuvre Lithographique

225. Portrait de Charlet (Colonel de La Comte). Portrait du maître de classe des enfants de Charlet (5. R R). Portrait du Prince Louis-Napoléon (8). 3 pièces.

226. Pièces imprimées chez Lasteyrie. Déroute de Cosaque (26 R.). Colonne d'infanterie en marche (27). La consigne (29 R.). Cuirassiers chargeant (31 R.). La bienvenue (35 R.). Le Grenadier de Waterloo (39). Le Drapeau défendu (42 R.). Les maraudeurs (49 RR.). Le Grenadier manchot (51). 9 pièces. Doucement la mère Michel (101).

     La dernière est impr. chez Lasteyrie, état non mentionné par le colonel de La Comte.

227. PIÈCES imprimées chez Delpech. M. Pigeon en grande tenue (53 R.). Deux prisonniers russes (54). Prisonniers Autrichiens (55). Le peintre d'enseigne (57). Ils s'en vont (62). Il faut en rire (63). Infanterie légère montant à l'assaut (66 R.). Siège et prise de Berg-op-Zoom, à la petite provence (67 R. R.). Courage et résignation (68 R. R.). — 9 pièces.

228. MENDIANTS (70). Grenadier assis (71). Braconnier (72). Les Gueux (73). Le soldat français (74 R. R.). Cuirassier français portant un drapeau (76 R.). Cuisine du Bivouac (79 R. R.). Délassement des consignés (80 R. R.). L'instruction militaire (83 R. R.). Le soldat musicien (81 R. R.). L'aumône (87 R.). Jeune soldat se découvrant devant un invalide (88 R. R.). — 10 pièces.

229. PIÈCES imprimées chez Motte. J'attends de l'activité (94 R.). Toi!... Oui moi!... (95 R. R.) Entrée de Milord Gorju (96 R. R.). Sortie de Milord la Gobe (97 R. R.). L'intrépide Lefèvre (102). C'est mon père (103). Soyez plutôt maçon (104 R.). Siège de Saint-Jean-D'Acre (109). 8 pièces.

230. COSTUMES militaires imprimés chez Lasteyrie. 1817-1818. Recrue à l'exercice (110 R.). Officier de voltigeur (112 R.). Carabinier instructeur (113 R.). Sergent de Carabiniers (114 R.). Sapeur d'infanterie (115 R.). Grenadier de la garde impériale (116 R.). Grenadier de la garde royale (117 R.). Deux grenadiers de la garde royale (118 R. R.). Chasseur à cheval (119 R.). Dragon de la garde impériale (120 R.). Cuirassier (121 R.). Deux cuirassiers (122 R. R.). Deux lanciers Polonais (122 R.). Lanciers polonais de la garde impériale (125 R. R.). 14 pièces.

231. COSTUMES militaires français. *Imprimés chez Delpech*, 1817-1818, 22 pièces (sur 28) (127 à 145 et 148 à 150).

  Cette suite est peu commune en noir, manque la pl. 20 et 21. On joindra le calque des 3 dernières planches qui sont très rares.

232. DRAGON d'élite, Armée d'Espagne (155 R.). Grenadier à pied de la vieille garde (156 R.). *Delpech*, 1819, 2 pièces.

233. COSTUMES de la Garde Impériale. *Impr. chez Delpech*, 1819-1820, 26 pièces (sur 30 p.) (157-160 à 184).

  Belles épreuves de premier tirage, manquent les pl. 2, 3, 29 et 30.

234. COSTUME d'Infanterie (Armée de 1809. *Impr. chez Motte*, 1820-21, 10 pièces (187 à 194-197 et 201).

  Suite rare tirée à petit nombre.

235. GRENADIER à pied de la garde impériale (202). Dragon d'élite (203). *Villain*, 1822. — Infanterie légère française (204). *Villain*, 1822. — Garde nationale de Paris. Chasseur 1827 (206). Garde française (14 juillet 1789) (210 R. R. R.). Garde française 1789 (211). Régiment de Flandres (212). Le salut (213). Garde Suisse (214). La Patrie en danger (215). Général républicain (216). Colonel d'Infanterie (217), 12 pièces.

236. L'EMPEREUR et la Garde Impériale par Charlet. Avec un précis his-

torique sur la garde par Adr. Pascal. *Paris, Perrotin*, 1853, in-fol. en feuilles.

Cet ouvrage se compose d'un Frontispice prospectus (219). Titre et 7 ff. de texte et 38 pl. parmi lesquels certains numéros sont très rares. Voici la liste des numéros dont cette collection est composée. 219, 220, 222, 223, 225, 226 à 232, 235, 236, 237 à 250, 252, 253, 255 à 257, 259 à 263.

237. LA BOULE DE NEIGE (267). J'obtiens de l'activité (275). Aux vieux grognards (277). Adieu, fils! Je t'ai revu,... (281). L'Ecole de village (282). La manie des armes (292). Réjouissances publiques (293). Vieillard méditant (294). Le laboureur défend le soldat (298). Jeune! Javais des dents et pas de pain (301), 10 pièces.

238. L'INSUBORDINATION (303). Ils sont les enfants de la France (305). Le Billet de logement (307). Au commandement de halte (309). Au commandement de pas d'observations (310). Scène d'intérieur (315). Ah! si j'étais de la police (316). Dis donc, Tambour major des incurables (317). Jeune femme (331). Le Gamin (332). L'allocution (333). L'Allocution 1re idée (334). Le Tailleur de Pierres (335). Le Tailleur de Pierres (336). J'te parie 4 sous (337). Comme flute (345). Costume du moyen âge (346). Jacques Vincent 1er (347). Deux élèves de l'école polytechnique (350). Le Maître de ceux qui n'en veulent pas (355-R. R.). Etudes d'arbres (373). Vieille femme vue à mi-corps (377). 22 pièces.

239. L'EMPEREUR et le grenadier (405). Les grottes d'osselles (442). Intérieur d'une baraque (443). Combat de la rue St-Antoine (445). Le Pont d'Arcole (446). Prise du Palais Royal (447). Le Peuple à la caserne des gendarmes (448) L'Arabe et son coursier (449). Napoléon (451). Lafont dans le rôle de Jean (452 R. R R.). Piast (455). Assez causé (456). L'Hôtellerie (457). C'est lui (première idée 459). Le Fusiller Pacot (460). En v'la un (461) 1814 (462). 1810 (463). Croquis 464. Je puis mourir (465). Je puis mourir (première idée 466-R.). Grenadier légion polonaise (467). A. B. C. (468). Ah! le beau nez (469). Les enfants (470). Lanciers en campagne (471). Croquis (472). Méthode Tirpenne, 3 pl. (473 à 475). Le départ du grenadier (476), 31 pièces.

240. LE PETIT VINAIGRIER (477). Repose toi (478). Le Tambour-major (479). J'suis militaire (480). Les vieux souvenirs (481). Foi de cuirassier (482). Gente vivandière (483). Le vieux ménestrel (484). Le retour du conscrit (485). Danse petit polichinelle (486). Courag'mon p'tit Jean (487). La bonne maman (488). Son navire est parti (489-R. R. R.). Son navire est parti (490). Un jour de fête en Espagne (491). Le retour du Montagnard (492). Départ pour la frontière (493-R.). Episode de juillet (494 R. R.). Le vieux bailli (495). A leureu France (496). La mère grand (498). Le vrai moutard de Paris (499-R. av. la musique). Chant funèbre (500). Fidèle y court (501 R. R. R). Hé! qu'est ça m'fait à moi (502). Un vieux soldat (503), 26 pièces.

241. RECUEIL de croquis à l'usage des petits enfans, par Charlet. 1822, *chez Gihaut*, frontispice, couv. et 10 lithogr. (504 à 514).

Suite complète.

242. CROQUIS lithographiques par Charlet. 1823, *chez Gihaut*, frontispice et 15 lithogr. (515 à 520, 522, 523, 525 à 529, 531 à 533).

243. Croquis lithographiques, par Charlet, 1824, *chez Gihaut*, frontispice et 15 lithograph. (534 à 549).

Suite complète le frontispice sur papier de Chine et les planches sur blanc.

244. Cahier de Fantaisies, par Charlet. Publié en 1814 *chez Frerot*, 5 pièces (550 à 554).

Suite complète.

245. Fantaisies, par Charlet *chez Gihaut*, de 1821 à 1827, 32 pièces (555 à 559, 561 à 588).

Suite complète.

246. Album lithographique de Charlet. 1825, *chez Gihaut*, frontispice et 18 pièces (590 à 597, 599 à 609).

Suite complète.

247. Si le bourgeois n'y est pas (610). Mademoiselle Félicité (611). La femme féroce (612). J'te donne de quoi que j'ai (613). J'suis tambour (614). Bivouac d'infanterie (617). Pousse! Pousse! Cadet (618). Première idée de la précédente (619), 8 pièces.

248. Souvenirs de l'armée du Nord, par Charlet. 1833, *chez Gihaut*, 19 pièces (800 à 814, 816 à 819).

249. Album lithographique par Charlet. 1834. *Paris, Gihaut*, frontispice, couv., 18 pièces (820 à 839).

250. Alphabet moral et philosophique à l'usage des petits et des grands enfants, par Charlet. 1835, frontispice et 24 pièces.

Manquent les lettres H. M. N. Cette suite contient la première idée des lettres C et T.

251. Album lithographique par Charlet. 1836, 14 pièces (868 à 872, 874 à 879, 881 à 883).

La pl. 11. Encore un duel sans marges.

252. Album par Charlet. 1837, frontispice, couv., 15 pièces (884 à 899).
Suite complète.

253. Croquis par Charlet, 1837. *Bruxelles, chez de Wasmes. Paris, chez Aubert*, etc., titre sur papier bleu, et 12 pièces (900 à 912).
Suite complète.

254. Vie civile, politique et militaire du Caporal Valentin, mise au jour par son ami Charlet. *Paris, Gihaut, s. d.* Titre et 52 pièces y compris la lettre de Valentin et la pl. s. n° Valentin devenu puissant (913 à 965).

255. Calques des pièces les plus rares de Charlet, 13 pièces.

___

256. Costumes hollandais, 2 p. — Costumes de Hambourg, 4 pièces. — Ens. 6 pièces en couleur.

257. Debucourt. Cuirassier Français — Le Kalmuck, 2 p., d'après **Carle Vernet**, en haut. — Bellangé (H.). Costumes militaires divers. *Paris, chez Gihaut*, 5 p., lithog. coloriées. — Ens. 7 p.

> Lég. épidermure au *Cuirassier Français*.

258. Debucourt. La Partie de Plaisir. — Course anglaise. *A Paris, chez Bance.* — Ens. 2 p., d'après Carle Vernet.

259. Debucourt. La Route de Poissy d'après Carle Vernet, en couleur.

> Mouillures, papier jauni.

260. Debucourt. La Route de Saint-Cloud d'après Carle Vernet, en couleur.

261. Debucourt. La Course Anglaise d'après Carle Vernet, en couleur.

262. Debucourt. Le courier anglais, en couleur. Le Gastronome en jouissance, en noir, d'après Horace Vernet. 2 pièces, sans marges.

263. Decamps. Portrait de Decamps, gr. Masson, 1er état. Eaux-fortes. Corps de garde turc (Beraldi 17). Gardeur de Porcs (18). Village de Turquie, 1er état (19). Les Deux chiens (20). Lithographies, Bataille d'Aboukir, 1er état. Bataille de Mondovi, 2 p. (1 et 2). Le Thermomètre (1). Le Petit Savoyard (10). Patrouille à Smyrne (11). Turc debout (12). Récréation (13). Les Mendiants (14). Une rencontre (15). Le Lièvre et la Tortue (16). Le Coup décisif (17). Chameaux (18). — Ens. 17 pièces dont 5 eaux-fortes et 12 lithog.

264. Cahier de 6 feuilles de croquis. *Chez Giraldon Bovinet*, 1829 (19 à 24). — Sujets de chasse. *Chez Gihaut*, 1829, frontispice, couv., 5 p. — Ens. 11 pièces.

265. Kiosque au bord d'une rivière (34). Halte d'une caravane (35). Douze croquis, pl. 1 à 11, dont 2 sur pap. de couleur, s. marges (36 à 46). Croquis par divers artistes, suite complète, 20 pl. (48 à 67). — Ens. 33 pièces.

266. Album Lyrique, 6 p. (68 à 73). Caricatures politiques (76 à 86) 11 pièces. — Ens. 17 pièces.

267. Gravures et lithographies, reproductions d'après Decamps, 44 pièces.

268. Doré (Gustave). La Paix, dessins à la plume et à l'encre de Chine avec rehauts de blanc. — Scènes du Dante. Esquisse au lavis encre de Chine et rehauts de blanc. 2 pièces.

269. Ecole allemande du xve siècle. Très beau dessin à l'encre représentant un grand bocal sur pied et avec couvercle. La coupe évasée sans ornements. La partie médiane est décorée de rinceaux, de fruits et de lions. Elle repose sur un pied circulaire, ornée d'arabesques, fruits et têtes de chevaux. Le couvercle est surmonté d'une

statuette de chasseur armé d'une lance et d'un couteau de chasse,
son chien est à ses pieds.

270. ESTAMPES. Recueil de 78 pièces de Marco Dente, dit Marc de Ra-
venne, Lucas de Leyde, Durer. Salles, Fable de Psychée, Rossi,
Potter, Berghem, etc.

271. ÉVENTAILS grav. et coloriés, 8 pièces.

272. ISABEY (Eug.). Six marines dessinées sur pierre par E. Isabey
(1833).

> Suite complète.
> Superbes épreuves avec l'adresse de Morlot.

273. ISABEY (Eug.). Vue de Rouen, vue de Caen. Souvenirs de Bre-
tagne, 2 pièces. Marines, 3 pièces sans lettres. — Ens. 7 pièces.

274. LEBRUN (Charles). Massacre des innocents, fragment dess. à la
plume.

> Ce beau dessin a été frotté et le papier a jauni.

275. LEDOUX (Auguste). Les mois. Projets de vitraux, dessins originaux
à la plume et au crayon, rehauts de lavis et d'aquarelle, 13 pièces
ovales.

> On y joindra 2 dessins en médaillon, copiés sur des originaux du xvi⁰ siècle.

276. LEGROS (Alphonse). Souvenirs des funambules de Champfleury.
4 vignettes, eaux-fortes pour une édition projetée. — Johannot, 1 portrait et 12 figures pour les œuvres de La Fontaine.

277. PRUDHON. La Toilette, lithog., par Maurin.

278. PRUDHON. Suite de 3 figures par Prudhon, gr. par Roger, pour
illustrer *Les Amours de Daphnis et Chloé. Paris, Didot, 1800*, in-4,
en feuilles.

> Ces trois belles figures constituent la part complète de collaboration du Prudhon à
> l'illustration de cet ouvrage.

---

279. RAFFET. Vue de Grenade. — Forgeron Gitanos à Grenade. — Pla-
fond de droite à Alhambra à Grenade, 3 dessins crayon et aquarelle.

> Cachet de la collection San Donato.

280. PORTRAIT DE Amable Gihaut (Giacomelli n° 5 RR.). Portrait inédit
de Raffet par son ami Aug. Bry, superbe épreuve sur chine. — Portrait de Raffet publié dans la *Galerie de Presse*. — 3 pièces.

281. ARTILLERIE légère en action (67 R). Manœuvre à la prolonge.
(68. R). Jérusalem délivrée ch. ix. (69. R). Revue du 29 août 1830
(78) 28 juillet 1835 (79), 5 pièces.

283. RETRAITE du Bataillon sacré à Waterloo (80. R).

> Superbe épreuve de premier tirage sur blanc.

284. COMBAT d'Oued-Alleg. 31 décembre 1839 (82).

> Très belle épreuve.

285. LE RÊVE (86). Baie Houa-Houa (94). Le Compagnon du Tour de
France (123 R). Le Testament de Pigault-Lebrun (145). S. m. Etat-

major 1794 (150). S. m. — Infanterie polonaise marchant à l'ennemi (161). Combat à la baïonnette (205). Rendons-leur feu pour feu (208). Rends-toi ou J'découpe (209). L'hospitalité (210). 10 pièces.

286. Feuille de croquis. N° 19 (315). Feuille de croquis n° 3 (319). Lutzen (340). La Revue (344). Album 1832. Frontispice, pap. de coul. (351). La Poursuite (353). Serrez les rangs (355). Vive la République 1793 (357). Pap. coul. — Attention, l'Empereur a l'œil sur nous (358). 9 pièces.

287. Le Moral est affecté chez l'Autrichien ! (370). Prise du fort Mulgrave (378). Secourez la vivandière (391). Le Père Riboule (395), Abordez l'ennemi franchement à la baïonnette (396). Conquête de la Hollande (402), 6 pièces.

288. De Quoi vous plaignez-vous (407). L'ennemi ne se doute pas que nous sommes là (411). Le Dessert (421). Bautzen (423). Le Camp (424). A ce jeu là on n'atrappe que des coups (427). Le Guide (428). Garde-Royale, Hussard (462). Garde-Royale, Lancier (465 R. R.), 9 pièces.

289 La Revue Nocturne. *Gihaut frères, Boulevard des Italiens* (429), 1 pl.

Superbe épreuve sur blanc.

290 Siège d'Anvers. *Paris, Gihaut*, 1833. Premier et deuxième frontispice, 23 planches en feuilles (508 à 535).

Les planches 21 et 22 avant la mise au trait, tirées à quelques épreuves, la pl. 23 manque. Tirage sur blanc et sur Chine.

291. Retraite de Constantine titre (536, 539, 540, 541, 542), 5 pl. inégales de marges. — Prise de Constantine titre (543, 549, 550). 3 pl. — Voyage dans la Russie méridionale. Les voyageurs à bord du François I. Titre inédit 1er état (594), 5 mai (780) 10 pièces.

292. Raffet. 26 planches inédites, costumes militaires français et étrangers, portraits et sujets divers. *Paris, Lecomte*, 1860, in-fol. 22 pl. (sur 26) en feuilles. Couverture.

Ouvrage tiré à cent et effacé ensuite.

293. Souvenirs d'Italie. Album dédié au Prince Anatole de Demidoff par Raffet. *Paris, Gihaut*, 1852. Expédition de Rome, 1849, in-fol. Titre (Souvenirs etc.), 36 pl., couverture impr. avec la table des planches.

---

294. Vernet (Carle). La danse des chiens, l'Équilibre du verre, Les deux extrèmes, L'Abreuvoir, Les chiens savants, Marché aux chevaux, Les soins maternels, Titre de l'album de 1821, Boutique de Deipech, 11 pièces.

295. Costumes et Scènes militaires. 15 pièces lithog.

296. Vernet (Carle). Chevaux, et études de chevaux. 36 pièces lithog.

297. Vernet (Horace). Portraits, costumes militaires, scènes de chasses. 19 pièces lithog.

298. Vernet (H.). Fables et Contes de La Fontaine. *Chez Engelmann,* 15 pièces, 1 sans marges.

299. Vernet (Horace). 33 pièces diverses, lithog.

———

A la suite de ce numéro il sera vendu par lots des dessins originaux du vicomte Adalbert de Beaumont, ayant servi à l'illustration de ses ouvrages, entre autres du **Recueil de dessins pour l'art et l'industrie.** *Ainsi qu'un certain nombre d'estampes anciennes et modernes. Lithographies, ornements, costumes, portraits, etc.*

LA ROCHE-SUR-YON. — IMPRIMERIE CENTRALE DE L'OUEST